essentials

Essentials liefern aktuelles Wissen in konzentrierter Form. Die Essenz dessen, worauf es als „State-of-the-Art" in der gegenwärtigen Fachdiskussion oder in der Praxis ankommt. *Essentials* informieren schnell, unkompliziert und verständlich

- als Einführung in ein aktuelles Thema aus Ihrem Fachgebiet
- als Einstieg in ein für Sie noch unbekanntes Themenfeld
- als Einblick, um zum Thema mitreden zu können

Die Bücher in elektronischer und gedruckter Form bringen das Fachwissen von Springerautor*innen kompakt zur Darstellung. Sie sind besonders für die Nutzung als eBook auf Tablet-PCs, eBook-Readern und Smartphones geeignet. *Essentials* sind Wissensbausteine aus den Wirtschafts-, Sozial- und Geisteswissenschaften, aus Technik und Naturwissenschaften sowie aus Medizin, Psychologie und Gesundheitsberufen. Von renommierten Autor*innen aller Springer-Verlagsmarken.

Stefan Georg

Das duale Studium

Struktur. Besonderheiten. Beispiele.

 Springer Gabler

Stefan Georg
Htw Saar
Saarbrücken, Saarland, Deutschland

ISSN 2197-6708   ISSN 2197-6716   (electronic)
essentials
ISBN 978-3-658-46954-2   ISBN 978-3-658-46955-9   (eBook)
https://doi.org/10.1007/978-3-658-46955-9

Die Deutsche Nationalbibliothek verzeichnet diese Publikation in der Deutschen Nationalbibliografie; detaillierte bibliografische Daten sind im Internet über https://portal.dnb.de abrufbar.

Springer Gabler ist ein Imprint der eingetragenen Gesellschaft Springer Fachmedien Wiesbaden GmbH und ist ein Teil von Springer Nature.
Die Anschrift der Gesellschaft ist: Abraham-Lincoln-Str. 46, 65189 Wiesbaden, Germany

Wenn Sie dieses Produkt entsorgen, geben Sie das Papier bitte zum Recycling.

Was Sie in diesem *essential* finden können

- Besondere Merkmale eines Studiums
- Abgrenzung des dualen Studiums von anderen Studienformaten
- Informationen zu Ausbildungsvergütung und Studiengebühren
- Vor- und Nachteile des dualen Studiums
- Beispiele ausgewählter dualer Studiengänge

Vorwort

Als Absolvent der Universität des Saarlandes, langjähriger Professor an der Hochschule für Technik und Wirtschaft des Saarlandes (htw saar) und Lehrbeauftragter der ASW Berufsakademie (jetzt ASW gGmbH) mit mehr als 20 Jahren Berufserfahrung kenne ich das Studium an der Universität ebenso wie das Studium an einer Fachhochschule oder an einer Berufsakademie aus direkter Nähe. Durch mein vielseitiges Engagement bin ich mit dem „normalen" Studium in Vollzeit ebenso wie mit den Konzepten des berufsbegleitenden und des dualen Studiums vertraut.

In den vielen Jahren meiner Berufstätigkeit an der htw saar habe ich festgestellt, dass es im Laufe der Zeit eine grundlegende Veränderung bei den Studierenden hinsichtlich ihrer Einstellung zur Bedeutung des Studiums gegeben hat: Vor 20 Jahren waren Studierende, die parallel zum Studium gearbeitet hatten, eher die Ausnahme. Es gab sie, aber es waren nicht viele. Im Regelfall haben sich die Studierenden voll auf ihr Studium konzentriert. Heutzutage arbeitet dagegen ein großer Teil der Studierenden parallel zum Studium – mit allen Problemen, die damit verbunden sind. Denn der Tag hat auch für Studierende nur 24 h. Und so lassen sich Studium und Arbeitsleben nur schwierig miteinander verbinden. Doch stimmt das wirklich? Nicht unbedingt, denn es gibt (auch für Studienanfänger) die Möglichkeit, Studium und Arbeit miteinander zu verbinden: im dualen Studium!

Dieses Buch richtet sich vor allem an junge Menschen, die ein Fachabitur oder ein Abitur anstreben oder bereits besitzen und sich fragen, ob für sie ein Studium infrage kommt – und wenn ja, welches das sein könnte. Aber auch für

Studierende, die mit ihrem jetzigen Studium nicht zu 100 % glücklich sind, kann dieses Buch ein wichtiger Wegweiser darstellen.

Informieren Sie sich in diesem Buch zunächst darüber, was es bedeutet zu studieren. Lernen Sie dann die verschiedenen Formen eines Studiums kennen und machen Sie sich dabei insbesondere über das Konzept des dualen Studiums schlau – der Möglichkeit,

- zu studieren und
- Geld zu verdienen

miteinander zu kombinieren. Anhand vieler Beispiele im Text, die sich in der Regel aus meiner unmittelbaren persönlichen Erfahrung heraus ergeben, lernen Sie die Besonderheiten des (dualen) Studiums kennen. Am Ende des Buches erhalten Sie zudem eine ganze Reihe von Beispielen zu dualen Studienangeboten. Vielleicht ist da auch etwas für Sie dabei.

Für Ihre Zukunft wünsche ich Ihnen alles Gute

Prof. Dr. Stefan Georg

P.S. Bitte beachten Sie: Um die Inhalte dieses Buches möglichst aktuell zu halten (Stand 2024), greife ich auf viele Internetquellen zurück. In deren Natur liegt es aber, dass sich die angegebenen Adressen und auch die Inhalte der Internetquellen im Zeitverlauf ändern können.

Inhaltsverzeichnis

Abbildungsverzeichnis

Tabellenverzeichnis

Was ist eigentlich ein Studium?

1

„Wer aufhört zu lernen, ist alt. Er mag zwanzig oder achtzig sein."[1]

Mit diesem Zitat von Henry Ford soll das Buch zum Konzept des modernen Lernens beginnen: Ein Studium beschreibt eine akademische Ausbildung auf Basis wissenschaftlicher Grundlagen an einer Universität, einer Fachhochschule oder einer Berufsakademie. Dabei wird das Studium an einer Universität oder einer Fachhochschule auch als **Hochschulstudium** bezeichnet.

Grundsätzlich unterscheidet man heutzutage Bachelorstudiengänge von Masterstudiengängen. Ein Masterstudium darf aber nur beginnen, wer zuvor einen Bachelorabschluss erworben hat. Ausnahmen bestätigen hier die Regel. Nach einem Schulabschluss steht also zunächst einmal die Aufnahme des **Bachelorstudiums** an. Dieses dauert 3 bis 4 Jahre, in der Regel organisiert in der Form von 6 bis 8 Semestern. Ein Semester beschreibt ein Halbjahr, wobei dann zwischen dem Wintersemester (oft von Oktober bis März, es gibt aber auch abweichende Zeiträume z. B. von September bis Februar) und dem Sommersemester (oft von April bis September) unterschieden wird.

> Am Ende des Bachelorstudiums hat man einen berufsqualifizierenden Abschluss erworben, d. h. man ist für die Arbeitswelt bereit.

---

[1] Henry Ford, zitiert nach: Hermann (2018, S. 12).

Abb. 1.1
Hochschulformen

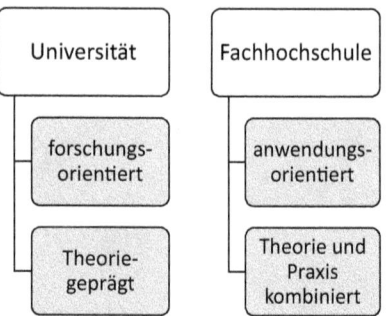

Allerdings besteht eben auch die Möglichkeit, sich nach dem Bachelorabschluss weiter zu qualifizieren und an das Bachelorstudium ein **Masterstudium**
anzuschließen.

Im Unterschied zur beruflichen Lehre ist ein Studium stärker theoriebasiert mit
geringeren praktischen Anteilen. An Universitäten ist der Theorieanteil besonders
stark ausgeprägt, zumal diese meist **forschungsorientierte Studiengänge** anbieten. Dagegen ist das Studium an Fachhochschulen meist anwendungsorientiert
konzipiert. Eine Gegenüberstellung der Formen zeigt Abb. 1.1. Oft ist in das
Fachhochschulstudium auch eine Praxisphase in einem Unternehmen (oder einer
anderen Organisation) integriert.

In der Regel sind die mit einem Studium verbundenen Lehrinhalte anspruchs-
voller als die Inhalte einer vergleichbaren beruflichen Ausbildung im Sinne einer
Lehre. Deshalb darf ein Studium auch nur aufnehmen, wer zuvor eine **Hochschulzugangsberechtigung** erworben hat. Für Universitäten ist dabei ein Abitur
erforderlich, an Fachhochschulen und Berufsakademien müssen die Studierenden
dagegen ein Abitur oder ein Fachabitur nachweisen. Allerdings akzeptieren einige
Hochschulen und Berufsakademien teilweise auch alternative Hochschulzugangs-
berechtigungen, bspw. den Nachweis eines Meisterabschlusses im Handwerk mit
entsprechender Berufserfahrung. Da Bildung in Deutschland Ländersache ist, gibt
es hier keine einheitlichen Regelungen. Selbst von Studiengang zu Studiengang
können sich die Voraussetzungen zur Aufnahme eines Studiums unterscheiden.
Mit Fachabitur und Abitur sind Sie aber prinzipiell gut aufgestellt. Wie auch
beruflich Qualifizierte ein Studium aufnehmen können, erfahren Sie bspw. in dem
Buch von Marina Helbig: Beruflich Qualifizierte können auch studieren: Wie Sie
auch ohne Abitur ins Studium kommen – Ihr Studienratgeber (Studienberatung,
Band 2).

Doch wie ist die Lehre in einem Studium organisiert?

Abb. 1.2
Organisationsformen der
Lehre

Prinzipiell beinhaltet ein qualifizierendes Studium unterschiedliche **Lehrveranstaltungen.** Es gibt *Vorlesungen*, in denen die Vermittlung theoretischer Inhalte im Vordergrund stehen. Sie kennen das aus dem Deutschunterricht, wenn Ihnen erklärt wird, wie eine Sachtextanalyse funktioniert. Ergänzend zu den Vorlesungen gibt es häufig *Übungen*. In diesen werden die theoretischen Lehrinhalte trainiert. Sie können sich das so vorstellen, dass Sie in diesen Übungen einige Sachtextanalysen konkret durchführen, um im obigen Beispiel zu bleiben. Eventuell ergänzen *Tutorien* (Kleingruppenübungen) oder *Repetitorien* (kompakte Wiederholungsveranstaltungen) das Vorlesungs- und Übungsangebot im Studium, um spezielle Themen gezielt einzuüben.

In *Seminaren* erstellen Sie eine schriftliche Hausarbeit, deren Inhalt Sie in der Regel vor den anderen Seminarteilnehmern im Rahmen eines Vortrags präsentieren müssen. Bei der Seminararbeit handelt es sich um einen Text, oft in einem Umfang von 10 bis 20 Seiten, den Sie eigenständig zu einem Ihnen gestellten Thema mit wissenschaftlichem Anspruch verfassen. Dabei müssen Sie in der Regel nachweisen, dass Sie Quellen finden, analysieren und in einem Text verarbeiten können.

Immer häufiger sind auch *Projekte* bzw. Projektarbeiten innerhalb der Studiengänge zu beobachten. Auch hier müssen Sie eigenständig eine Aufgabenstellung lösen, allerdings sind die Aufgaben im Unterschied zu den Seminarthemen stärker praxisorientiert. Sie können dies vielleicht mit Versuchen aus dem naturwissenschaftlichen Unterricht vergleichen, allerdings sind die Projekte deutlich umfangreicher als ein Versuch aus dem Schulalltag. Besser zu vergleichen ist eine Projektarbeit mit der Erstellung einer Schülerzeitung im Rahmen einer Arbeitsgemeinschaft an der Schule. In Abb. 1.2 sind die verschiedenen typischen Organisationsformen der Lehre zusammengefasst.

Zum Abschluss eines Studiums müssen Sie in der Regel eine *Thesis* verfassen. Dabei handelt es sich um einen wissenschaftlichen Aufsatz (Quellenarbeit erforderlich!) im Umfang von 30 bis 60 Seiten – das ist von Studiengang zu Studiengang und von Hochschule zu Hochschule unterschiedlich. Oft müssen Sie die Thesis dann auch noch in einem *Kolloquium* verteidigen. Ähnlich des

Seminarablaufs haben Sie dabei die Aufgabe, Aspekte aus Ihrer Thesis mündlich vorzustellen und Fragen zu Ihrem Thema zu beantworten. Das mag jetzt im ersten Moment erschreckend klingen, Sie wachsen im Laufe eines Studiums aber in diese Aufgabe rein und brauchen keine Angst davor zu haben. Und tatsächlich sind die Noten für Thesis und Kolloquium im Durchschnitt deutlich besser als für so manch anderes Fach im Laufe Ihres Studiums. Apropos Noten:

Auch ein Studium gliedert sich in viele einzelne **Fächer.** Das kennen Sie ja bereits aus der Schule. Wenn Sie sich beispielsweise für ein Studium der Betriebswirtschaftslehre entscheiden sollten, dann zählen Fächer wie

- Kostenrechnung,
- Controlling,
- Investition,
- Organisation,
- Personalmanagement

und Ähnliches zum Fächerkatalog. Jede Hochschule kann für ein Studium aber einen eigenen **Studienplan** zusammenstellen und so individuelle thematische Schwerpunkte setzen.

In der Regel wird jedes einzelne Fach geprüft und meist auch benotet. Oftmals besteht die Prüfung aus einer *Klausur,* vergleichbar einer Klassenarbeit bzw. Kursarbeit in der Schule. Manchmal gibt es auch *mündliche Prüfungen,* diese sind aber deutlich seltener. Seminare schließen mit einer schriftlichen *Hausarbeit* und einer mündlichen *Präsentation* ab. Das gilt auch für viele Projekte. Manchmal stellt auch die Bearbeitung einer Fallstudie eine Prüfungsleistung da. Und falls Laborarbeit zu Ihrem Studium gehört, kann auch die *Laborarbeit* selbst und eine Dokumentation dieser Arbeit eine Prüfungsleistung bilden. Sie sehen, es gibt vielfältige Prüfungsmöglichkeiten, und die obige Darstellung ist nicht einmal vollständig. Hochschulen dürfen da recht kreativ sein. So erlaubt die Hochschule für Technik und Wirtschaft des Saarlandes auch das Portfolio als Prüfungsleistung. Letztlich sollte die Prüfungsform auch zum Ziel der jeweiligen **Kompetenzvermittlung** passen. Wenn eine Hochschule in einem Fach selbstständiges Arbeiten fördern will, dann ist die Klausur nicht die ideale Prüfungsform, sondern eher das Seminar, die Projekt- oder die Laborarbeit. In Abb. 1.3 sind die wichtigsten Prüfungsformen im Überblick zusammengefasst.

Die meisten Prüfungsleistungen finden am Ende oder nach dem Ende des sogenannten **Vorlesungszeitraums** statt. Zwar umfasst ein Semester als Halbjahr 26 Kalenderwochen, jedoch müssen Sie nicht in allen 26 Kalenderwochen zur Hochschule. Der Vorlesungszeitraum umfasst häufig nur 15 Wochen; das ist der

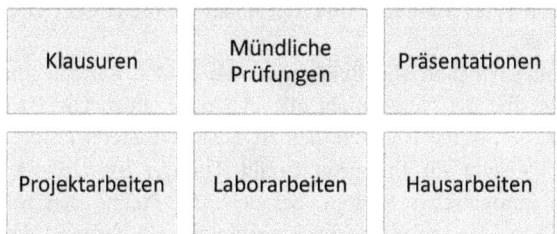

Abb. 1.3 Prüfungsformen

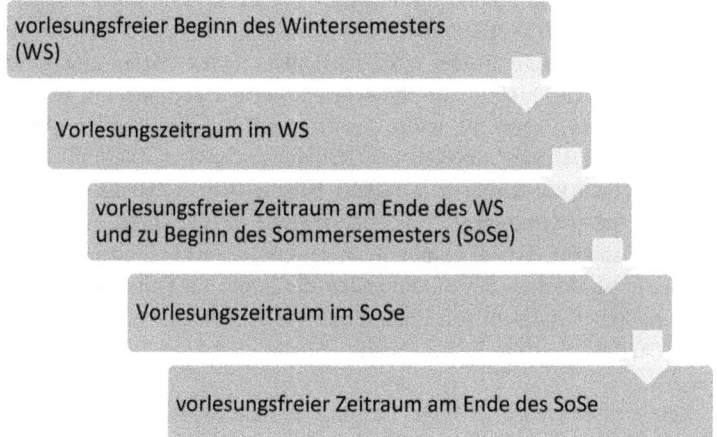

Abb. 1.4 Organisation eines Studienjahres

Zeitraum, innerhalb dessen die verschiedenen Lehrveranstaltungen stattfinden. Im Sommersemester kann das beispielsweise die Zeit von Mitte April bis Ende Juli sein. Anfang April, im August und im September finden dann keine Vorlesungen, Übungen etc. statt. Auch die Organisation der Veranstaltungszeiträume kann von Hochschule zu Hochschule unterschiedlich sein. Der klassische Ablauf eines Studienjahres ist in Abb. 1.4 dargestellt.

Prüfungen während des Veranstaltungszeitraums sind möglich, aber seltener anzutreffen. In den meisten Fällen liegen Prüfungen am Ende der Vorlesungszeit und zu Beginn des vorlesungsfreien Zeitraums. Aber auch hier gibt es von Studiengang zu Studiengang Unterschiede. Sie sehen daran, die Freiheitsgrade bei der Organisation eines Studiums sind viel höher als die bei der Organisation der Schule.

Übrigens, meist fließen alle **Prüfungsnoten** in den Endnote Ihres Studiums ein. Allerdings sind die Noten nicht alle gleichgewichtet. Die Bedeutung einer Note orientiert sich in der Regel an den sogenannten Credit Points bzw. **ECTS-Punkten.** ECTS steht für European Credit Transfer System. Es handelt sich dabei um ein europäisches System, bei dem die Punkte den zeitlichen Aufwand beschreiben, der mit einem Fach verbunden ist. So wird dann auch eine Leistung, die Sie vielleicht in einem Auslandssemester an einer spanischen Hochschule erbringen, besser bewertbar und kann leichter für Ihr eigenes Studium in Deutschland anerkannt werden.

Ein Bachelorstudium umfasst **mindestens 180 ECTS-Punkte.** Das entspricht (durchschnittlichen) 30 ECTS-Punkten pro Semester. Für viele der Fächer gibt es in einem Studium jeweils 5 oder 6 ECTS-Punkte, sodass Sie in einem Semester dann entsprechend 5 bis 6 verschiedene Fächer belegen müssen. Es wundert Sie aber nicht mehr, wenn Sie lesen, dass es auch hier bei den einzelnen Studiengängen immer wieder abweichende Regelungen gibt. So vergibt die Duale Hochschule Baden-Württemberg (DHBW) beispielsweise 210 ECTS bei einer Studiendauer von 6 Semestern.[2] Was zunächst wie ein Geschenk aussehen mag, bedeutet letztlich aber, dass das Studium an der DHBW als besonders anstrengend einzuschätzen ist, da sich die Studierenden das Mehr an Punkten pro Studienjahr auch verdienen müssen. Am Ende dieses Buches werden Sie viele Beispiele finden, die zeigen, wie die ECTS-Punkte auf die einzelnen Fächer verteilt sein können.

Übrigens, mit einem ECTS-Punkt ist ein **Arbeitsaufwand** von 25 bis 30 h verbunden – zumindest theoretisch. Die meisten Hochschulen haben sich für 30 h pro ECTS-Punkt entschieden. Wenn es in einem Semester 30 ECTS-Punkte zu erwerben gilt, dann bedeutet das einen Gesamtaufwand von 900 h je Halbjahr. Wenn Sie sich in einem Halbjahr etwa 20 Wochen für Ihr Studium engagieren, dann können Sie eine Belastung von 45 h pro Woche innerhalb dieser 20 Wochen errechnen. Die verbleibenden 6 Wochen im Semester hätten Sie dann frei (Urlaub). In der Theorie ist das so korrekt, die Praxis sieht dagegen anders aus. Ein Großteil der Studierenden investiert (leider) weniger Zeit in das Studium – und wundert sich wohlmöglich dann, dass nicht alle Prüfungen so bestanden werden, wie man es sich wünscht.

---

[2] DHBW (o. J.): Duales Studium Konstruktion und Entwicklung. Onlinequelle, abgerufen unter: https://www.mannheim.dhbw.de/studium/bachelor/technik/maschinenbau/konstruktion-entwicklung.

Einen Studienabschluss gibt es nicht gratis, selbst wenn man nichts dafür bezahlen muss. Stattdessen bedeutet ein Studium auch Arbeit – allerdings meist mit ungewöhnlich vielen Freiheiten. So gehen mit den 30 ECTS-Punkten oft nur 24 bis 26 Unterrichtsstunden pro Woche einher. Nehmen wir einmal an, Sie sind tatsächlich zu allen Unterrichtsstunden anwesend, dann verbleiben immer noch rund 20 h pro Woche für das Selbststudium, sodass Sie auf die eben errechneten 45 h pro Woche kommen. Allerdings kontrolliert niemand, ob Sie wirklich Zeit in das Selbststudium investieren. Und so braucht es im Studium immer auch ein wenig (mehr) Selbstdisziplin.

Lassen Sie sich aber nicht entmutigen. Es ist völlig normal: Nicht alles funktioniert immer auf Anhieb. Das kennen Sie auch aus dem Alltag: Ist Ihnen noch nie Ihr Essen angebrannt? Haben Sie Ihre Übungen im Sport immer gleich gekonnt? Ist Ihnen das Autofahren zu Beginn der Ausbildung zum Führerschein direkt leichtgefallen? Sollten Sie Prüfungen also einmal nicht bestehen, dann finden Sie heraus, woran es gelegen hat. Vielleicht haben Sie sich einfach zu wenig mit dem Lehrinhalt beschäftigt und/oder nicht alles verstanden. Oder Sie haben einfach zu wenig trainiert. Ein Fußballer kann auch nicht erwarten, dass er ohne Training Meister seiner Klasse wird. Sie sollten also nicht studieren, weil Ihnen Arbeit generell zu anstrengend ist. Und dennoch können Sie ein Studium auch richtig genießen. Von Ihren legendären Studentenpartys werden Sie noch Ihren Enkeln erzählen…

Und seien Sie sicher: Trotz aller Freiheiten hinsichtlich der Gestaltung von Studiengängen haben Hochschulen nicht die Möglichkeit, ein Studium *irgendwie* zusammenzubasteln. Vielmehr sind die meisten Studienangebote in Deutschland **akkreditiert.** Das bedeutet, die Studiengänge wurden hinsichtlich ihrer grundsätzlichen Qualität und der **Studierbarkeit** überprüft. Diese Akkreditierung erfolgt entweder über die Hochschule selbst (die dafür aber systemakkreditiert sein muss) oder über eine zugelassene externe Akkreditierungsagentur.

Doch wie finden Sie das richtige Studium für sich? DIE ZEIT informiert in ihren Magazinen (Studienratgebern) regelmäßig zu den Studienangeboten.[3] Doch schauen wir uns im folgenden Kapitel erst einmal an, welche Studienformen es überhaupt gibt.

---

[3] DIE ZEIT (2023): Studienführer 1/2023 „Abi und los!".

Welches Studium ist das Richtige für Sie? Schauen wir uns dazu einmal die verschiedenen Studienformen an. Zunächst einmal müssen wir das Präsenzstudium von einem Fernstudium unterscheiden, denn beide Formen sind völlig unterschiedlich organisiert, wie Ihnen Abb. 2.1 andeutet.

Bei einem **Präsenzstudium** finden die Lehrveranstaltungen prinzipiell an der Hochschule (oder Berufsakademie) vor Ort statt. Auch hier kann es einzelne Lehrveranstaltungen geben, die ganz oder teilweise „ins Internet verlegt" sind, die also über eLearning-Komponenten abgebildet werden. Alle Hochschulen haben inzwischen ein eLearning-System installiert, wie Sie es vielleicht aus der Schule auch schon kennen. Das eLearning-System wird gerne genutzt, um Lehrinhalte zur Verfügung zu stellen (z. B. Lernvideos, Übungsaufgaben mit oder ohne Lösung, Fallstudien, Aufzeichnungen von Lehrveranstaltungen, Quizzes etc.). Manches Mal finden auch Lehrveranstaltungen live über das eLearning-System statt. Und dennoch: beim Präsenzstudium findet der überwiegende Teil der Lehrveranstaltung vor Ort statt. Das bedeutet, Sie müssen in der Nähe des Hochschulstandortes wohnen, um die Möglichkeiten zu haben, Vorlesungen, Übungen, Seminare und andere Lehrveranstaltungen regelmäßig zu besuchen, können dafür aber auch andere Studierende auf einfachem Weg kennenlernen. Und die Vernetzung mit anderen sollten Sie als Erfolgsfaktor nicht unterschätzen!

Dagegen ist ein **Fernstudium** darauf ausgelegt, dass es keine Präsenzlehre oder nur ganz wenige Blockveranstaltungen vor Ort gibt. Hier können Sie immer an Ihrem jetzigen Wohnort bleiben und studieren (die meiste Zeit) von zu Hause aus. Das gibt Ihnen einerseits mehr *Flexibilität* und *Freiheit,* erfordert andererseits aber viel mehr *Selbstdisziplin.* Für die meisten Studierenden ist diese Form schwierig durchzuhalten, zumindest während eines Bachelorstudiums. Denn

S. Georg, *Das duale Studium*, essentials,
https://doi.org/10.1007/978-3-658-46955-9_2

Abb. 2.1 Präsenzstudium
vs. Fernstudium

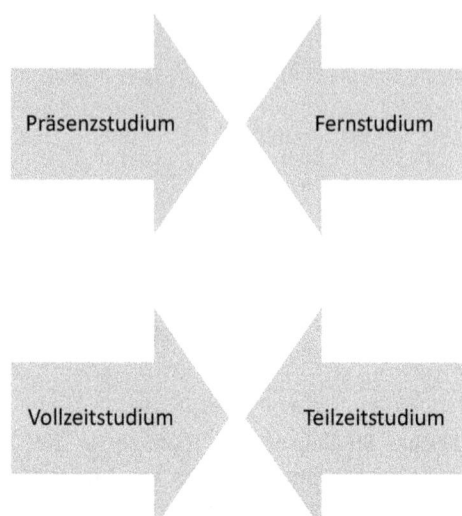

Abb. 2.2 Vollzeitstudium
vs. Teilzeitstudium

oftmals gibt es in einem Fernstudium auch deutlich weniger gesprochene Erklärungen des Lehrstoffs, sondern Vieles muss man sich selbstständig aus gedruckten oder digitalen Skripten erarbeiten. Natürlich arbeiten auch die Anbieter von Fernstudiengängen inzwischen mit Lehrvideos und Online-Live-Veranstaltungen. Bei diesen fehlt dann aber oft dennoch der persönliche Kontakt zwischen Dozenten und Studierenden, wie Sie ihn live vor Ort erleben können.

Beachten Sie, dass es auch bei Präsenzlehrveranstaltungen nicht damit getan ist, diese einfach nur zu besuchen: man muss den Stoff auch lernen. Da Sie in einem Studium in der Regel keine *Hausaufgaben* erhalten, müssen Sie **eigenständig** üben, Texte noch einmal lesen und darüber nachdenken, Aufgaben ein zweites Mal lösen, ein Video vielleicht zum wiederholten Mal betrachten, bis Sie den Inhalt des Faches tatsächlich im Kopf haben. Eigeninitiative ist in jeder Studienform gefragt. Aber das sagt schon der Begriff Studium, den Sie aus dem Lateinischen ableiten und mit „sich bemühen um" oder „nach etwas streben" übersetzen können. Generell gilt: Im Studium wird von Ihnen mehr Selbstständigkeit als in der Schule erwartet.

Neben der Einteilung in Präsenz- und Fernstudium gibt es auch die Möglichkeit, **Vollzeit- von Teilzeitstudiengängen** zu unterscheiden, wie Abb. 2.2 veranschaulicht:

Beim **Vollzeitstudium** ist das Studium quasi Ihr Beruf. Das heißt, das Studium ist so konzipiert, dass Sie für die Dauer des Studiums ausschließlich studieren. Niemand wird Ihnen verbieten, dennoch ein paar Stunden pro Woche zu arbeiten. Allerdings müssen Sie wissen, dass Ihnen diese Arbeitszeit zum Studieren fehlen wird. Sie können hier keinem Seminar mit der Ausrede fernbleiben, Sie müssten an dem Tag arbeiten. Das mag zwar so sein, ist aber keine Entschuldigung, denn Sie absolvieren ein Vollzeitstudium. Und Sie haben bei der Erklärung der ECTS-Punkte in diesem Buch schon gelesen, dass mit einem Vollzeitstudium zumindest theoretisch auch tatsächlich 45 Arbeitsstunden pro Woche verbunden sind. Da bleibt eigentlich nicht viel Zeit, nebenbei zu arbeiten. In der Praxis sieht das allerdings anders aus. Immer mehr Studierende arbeiten wenigstens ein paar Stunden pro Woche nebenbei, wodurch Sie Studienzeit und/oder Freizeit opfern.

Wenn Sie jedoch wissen, dass Sie unbedingt auch arbeiten müssen, um Ihren Lebensunterhalt zu verdienen, können Sie an vielen Hochschulen eine Teilzeitvereinbarung abschließen und ein **Teilzeitstudium** absolvieren. In der Vereinbarung werden Sie davon befreit, das volle Semesterprogramm absolvieren zu müssen. Das verschafft Ihnen zeitliche Freiräume, verlängert aber automatisch auch Ihre Studiendauer. Wer immer nur die Hälfte der Zeit für das Studium investiert, studiert letztlich auch doppelt so lange. Dennoch bietet sich Ihnen so eine Möglichkeit, Geldverdienen und Studium miteinander zu vereinen.

Als dritte Möglichkeit lässt sich das „normale" Bachelorstudium vom berufsbegleitenden und dem dualen Studium unterscheiden.

Was Sie bisher in diesem Buch gelesen haben, trifft auf das **„normale"** Studium zu. Normal ist es insofern, da sich die Mehrheit der Studierenden dafür entscheidet: man studiert in Vollzeit an einer Hochschule. Das heißt aber nicht, dass die anderen Studienformen anormal seien. Vielmehr werden sie nur seltener gewählt. Allerdings gibt es **immer mehr duale und berufsbegleitende Studienangebote**. Diese Entwicklung zeigt, dass sich die Normalität zunehmend verschiebt. Ein duales Studium oder ein berufsbegleitendes Studium haben längst eine wichtige Rolle im Hochschulalltag eingenommen.

Von einem **berufsbegleitenden** Studium spricht man, wenn jemand bereits einen Beruf ausübt und neben diesem Beruf noch ein Studium beginnt. Das bedeutet, dass als Voraussetzung zur Aufnahme des Studiums in der Regel zusätzlich zur Hochschulzugangsberechtigung noch eine **abgeschlossene Berufsausbildung** bzw. eine **aktive Berufstätigkeit bei Studienstart** verlangt wird. Für berufsbegleitende Studiengänge gibt es besondere Studienmodelle, die ausdrücklich auf die Berufsausübung ausgerichtet sind. Oft finden die Lehrveranstaltungen als komprimierte Veranstaltungen (gleicher Lehrstoff in weniger Veranstaltungszeit) am Abend oder am Wochenende statt, teilweise ergänzt um einige wenige

Wochen Blockunterricht pro Jahr, die Studierende dann während ihres Urlaubs absolvieren müssen. Solche Studiengänge sind meist kostenpflichtig, finden als Präsenz- oder Fernstudium statt und sind oft als Teilzeitstudium konzipiert, da die Studierenden Zeit für Studium und Beruf benötigen.

Nickel weist darauf hin, dass berufsbegleitende Studiengänge ausdrücklich darauf zugeschnitten sind, dass die Studierenden parallel zu ihrer Berufsausübung akademische Qualifikationen erhalten können. Dabei sind die Tätigkeiten am Arbeitsplatz und das Hochschulstudium in der Regel inhaltlich und organisatorisch **nicht** miteinander verzahnt.[1]

Offensichtlich ist ein berufsbegleitendes Studium in Vollzeit mit einer Berufstätigkeit in Vollzeit nicht vereinbar. Wie soll das auch funktionieren? Sie können sich nicht teilen – und der Tag hat auch für Sie nur 24 h. Letztlich bleiben Ihnen nur zwei Möglichkeiten: entweder, Sie arbeiten weniger oder Sie wählen ein Studium in Teilzeit.

Ausführlich mit den Möglichkeiten eines berufsbegleitenden Studiums befasst sich Geiß in: Nebenberuflich studieren: Tipps, Tricks und Möglichkeiten für ein berufsbegleitendes Studium.

Und dann gibt es noch das **duale** Studium: Ein duales Studium kann direkt nach dem Schulabschluss aufgenommen werden und **verbindet** Studium und „Arbeiten" derart, dass die Arbeit in einem Unternehmen (oder in einer anderen Organisation) bereits ein Teil des Studiums ist!

> „Wissenschaftsrat und Akkreditierungsrat gehen davon aus, dass Studiengänge nur dann als duale Studiengänge bezeichnet werden, wenn deren Lernorte inhaltlich, zeitlich und organisatorisch verzahnt sind. Entsprechend regeln die Vorgaben des Akkreditierungsrates, dass nur ausbildungs-, praxis- und berufsintegrierende Studiengänge als duale Studiengänge akkreditiert werden können."[2]

Das Studium findet sozusagen an **zwei Lernorten** statt: einerseits an der Hochschule/Berufsakademie und andererseits im Betrieb. Dementsprechend gibt es auch bereits für die Arbeit im Unternehmen ECTS-Punkte für das Studium. Die

---

[1] Nickel (2017): Berufsbegleitendes Studium, in: Wissenschaftsmanagement 1, Heft Januar/ Februar 2017. Onlinequelle, abgerufen unter: https://www.wissenschaftsmanagement.de/dat eien/dateien/weiterbildung/downloaddateien/wim_2017_01_sigrun_nickel_berufsbegleiten des_studium.pdf.

[2] Schröder (2014): Duale Studiengänge, ohne Seite.

Verknüpfung der theoretischen mit der praktischen Ausbildung zielt darauf an, dass die Studierenden ein spezifisches Qualifikationsprofil erreichen.[3] Und dieses Konzept zur Verbindung von Theorie und Praxis als duales Studium schauen wir uns in diesem Buch genauer an. Denn das duale Studium gewinnt immer mehr Freunde: Einerseits können Unternehmen auf diese Weise eigenen akademischen Nachwuchs ausbilden und so eine berufsbezogene Alternative zur klassischen Berufsausbildung (Lehre) bieten. Andererseits verdienen die Studierenden bereits während ihres Studium Geld. Und darauf kommt es ja für immer mehr Studierende an.

Dass das duale Studium ein Erfolgsmodell bildet, zeigt auch das inzwischen vielfältige Angebot: Laut Zeit Online bieten inzwischen über 230 Hochschulen rund 1900 duale Studiengänge an.[4]

---

[3] Schröder (2014): Duale Studiengänge, ohne Seite.
[4] Zeit Online (o. J.): Duales Studium. Onlinequelle, abgerufen unter https://studiengaenge. zeit.de/studienformate/duales-studium.

Studienmodelle im dualen Studium 3

Ein duales Studium zeichnet sich durch zwei Lernorte aus – Hochschule bzw. Berufsakademie und Unternehmen. In einigen Fällen ist ein duales Studium **ausbildungsintegrierend.** Das bedeutet, dass die Studierenden nicht nur einen **Studienabschluss** anstreben, sondern zusätzlich auch noch eine **Berufsausbildung** absolvieren, die zumindest in Teilen auf das Studium angerechnet wird. Dadurch beträgt die Studiendauer nicht fünf bis sechs Jahre (3 Jahre Studium und 2 bis 3 Jahre Berufsausbildung), sondern lediglich 4 bis 5 Jahre.

Die häufigste Form des dualen Studiums (siehe dazu auch Abb. 3.1) ist das **praxisintegrierende Studium.** Rund 60 % aller dual Studierenden hat sich für ein praxisintegrierendes Studium entschieden.[1] In diesem Fall sammelt man bereits Praxiserfahrung im Unternehmen, die als Teil des Studiums auch für dieses angerechnet wird. Dadurch lässt sich in diesem Fall ein Bachelor im Umfang von 180 ECTS-Punkten genau wie ein „normales" Studium ohne Praxisanteile in 3 Jahren absolvieren. Beispielsweise bietet die Duale Hochschule Baden-Württemberg ein duales Bachelorstudium in der Fachrichtung Konstruktion und Entwicklung an, welches in den ersten beiden Studienjahren Praxisprojekte im Umfang von jeweils 20 ECTS beinhaltet.[2]

---

[1] Vgl. Bundesinstitut für Berufsbildung (2022): Duales Studium in Zahlen 2022. Onlinequelle, abgerufen unter: https://www.bibb.de/dokumente/pdf/AiZ_Duales_Studium_2022_bf.pdf.

[2] DHBW (2024): Modulhandbuch Studienrichtung Konstruktion und Entwicklung. Onlinequelle, abgerufen unter: https://www.dhbw.de/fileadmin/user/public/SP/MA/Maschinenbau/Konstruktion_und_Entwicklung.pdf.

© Der/die Autor(en), exklusiv lizenziert an Springer Fachmedien Wiesbaden GmbH, ein Teil von Springer Nature 2025
S. Georg, *Das duale Studium*, essentials,
https://doi.org/10.1007/978-3-658-46955-9_3

Abb. 3.1 Formen des
dualen Studiums

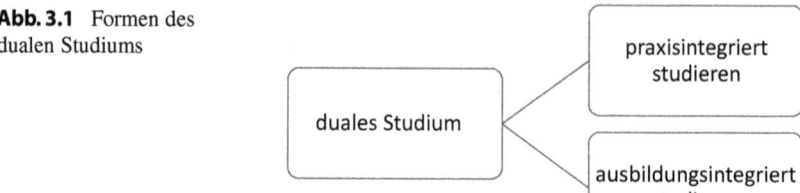

Kennzeichnend für ein duales Studium ist, dass Theorie und Praxis aufeinander abgestimmt sind. Das für das duale Studium typische Zusammenspiel aus Praxis- und Theoriephasen regelt bspw. an der Hochschule für Technik und Wirtschaft des Saarlandes §4 Abschnitt 3 der Allgemeinen Studien- und Prüfungsordnung für duale Studiengänge in Kooperation mit der ASW gGmbH:

> „Die Praxisphasen sind ein in das Studium integrierter, von der ASW geregelter, inhaltlich abgestimmter und begleiteter Ausbildungsabschnitt. Die praktische Ausbildung erfolgt auf der Grundlage eines Ausbildungs- und Studienvertrags in einem Ausbildungsbetrieb. Sie orientiert sich an speziell für dieses duale Studium aufgestellten Praxismodulen, die im Laufe des Studiums bewertet und z. T. benotet werden und somit ebenfalls zum Erwerb der benötigten ECTS-Punkte beitragen. Die Inhalte der Praxisphase sind durch einen studiengangspezifischen Ausbildungsrahmenplan mit den Theoriephasen verzahnt."[3]

Das praxisintegrierende Modell als Kooperation der Hochschule für Technik und Wirtschaft des Saarlandes mit der Akademie der Saarwirtschaft (ASW gGmbH) in Form eines Präsenzstudiums erstreckt sich 2024 über das folgende Angebot an Bachelor-Studiengängen:

- Betriebswirtschaftslehre (mit verschiedenen Schwerpunkten),
- Integrierte nachhaltige Gebäudetechnik,
- Maschinenbau/Produktionstechnik,
- Wirtschaftsinformatik und
- Wirtschaftsingenieurwesen.

---

[3] Htw saar (2021): ASPO ASW. Onlinequelle, abgerufen unter: https://www.htwsaar.de/hochschule/organisation/verwaltung/Justiziariat/rechtsgrundlagen-der-htw-saar/db21_36_s-348-353_aspo-asw.pdf.

Das beispielhafte Angebot ist insofern typisch für duale Studienangebote, da diese sich sehr häufig über die Bereiche **Wirtschaft** und **Technik** erstrecken. Darüber hinaus haben auch die Themenfelder **Informatik** und **Gesundheits-/Sozialwesen** große Bedeutung für das duale Studium. Das Bundesinstitut für Berufsbildung weist in einer Studie von 2022 aus, dass sich von insgesamt 120.000 dual Studierenden fast 47.000 für ein duales Studium im Bereich der Betriebswirtschaftslehre bzw. der Wirtschaftswissenschaften entschieden hat, gefolgt von einem dualen Studium der Informatik auf Platz 2 mit über 16.000 Studierenden und den Verwaltungswissenschaften auf Platz 3 mit über 11.000 Studierenden.

Neben den bereits erwähnten praxisintegrierenden dualen Studienmodellen gibt es vor allem auch **ausbildungsintegrierende duale Studiengänge.** In diesem Fall erwerben die Studierenden eine Doppelqualifikation, d. h. sie schließen einen Ausbildungsberuf und ein Studium ab. Ein solches Modell verfolgt bspw. die Technische Hochschule Ingolstadt mit ihrem **Verbundstudium,** das dann auch entsprechend in 4,5 Jahren zum Studienabschluss führt.[4]

Übrigens, ein „normales" Studium mit einer integrierten Praxisphase ist kein duales Studium, selbst wenn die Praxisphase ebenfalls mit ECTS-Punkten gewertet wird. Einerseits fehlt in diesem Fall die von der Hochschule organisierte Verzahnung der Lehrinhalte von Theorie und Praxis. Andererseits wird der Lehrinhalt der Praxisphasen im dualen Studium im Regelfall von der Hochschule überprüft und ggf. sogar benotet. Lesen Sie dazu das folgende Zitat aus der Studien- und Prüfungsordnung der Hochschule für Technik und Wirtschaft des Saarlandes für duale Studiengänge in Kooperation mit der ASW gGmbH. Dort heißt es unter §5 Prüfungsleistungen und -formen für Praxisprojekte:

> „Prüfungsleistung ist neben den in §15 ASPO geregelten Prüfungsformen insbesondere das Praxisprojekt. Dieses besteht aus einer Posterpräsentation mit anschließender Befragung durch den Prüfer/die Prüferin, den Studiengangkoordinator/die Studiengangkoordinatorin zusammen mit dem betrieblichen Betreuer/der betrieblichen Betreuerin."[5]

---

[4] Technische Hochschule Ingolstadt (o. J.): Duale Studienangebote der THI. Onlinequelle, abgerufen unter https://www.thi.de/studium/studienangebote/duales-studium/so-funktioniert-das-duale-studium/.

[5] Htw saar (2021): ASPO ASW. Onlinequelle, abgerufen unter: https://www.htwsaar.de/hochschule/organisation/verwaltung/Justiziariat/rechtsgrundlagen-der-htw-saar/db21_36_s-348-353_aspo-asw.pdf.

Dagegen heißt es bspw. zur praktischen Studienphase im Rahmen des „normalen" Bachelorstudiengangs Wirtschaftsingenieurwesen an der htw saar in der Anlage zur Studien- und Prüfungsordnung unter 1.10 Praktische Studienphase:

> „Die Praktische Studienphase umfasst in der Regel einen zusammen-hängenden Zeitraum von vier Monaten. Sie soll in einem Unternehmen durchgeführt werden."[6]

Zwar ist in diesem konkreten Einzelfall auch noch ein fünfseitiger Praxisbericht gefordert, dieser dient aber lediglich dazu, die tatsächliche Durchführung der Praxisphase zu bestätigen. Eine Bewertung der in der Praktischen Studienphase erbrachten Leistung mit einer Note erfolgt jedoch nicht.

Eine Sonderform der Ausgestaltung von Praxisphasen bietet beispielsweise die Internationale Hochschule an. Im deren dualem Studienangebot zur Betriebswirt-schaftslehre sind insgesamt sechs Praxisphasen zu je 5 ECTS integriert, zuzüglich sechs weiterer Projekt-Veranstaltungen, ebenfalls im Umfang von jeweils 5 ECTS. Zu den Praxisprojekten heißt es dabei: „Unter akademischer Leitung bearbeitest Du selbstständig eine wissenschaftliche Fragestellung mit Unterneh-mensbezug. Deine Arbeit wird in Form einer Projektarbeit oder eines Portfolios dokumentiert."[7] Die zu bearbeitende Fragestellung kommt dabei weniger aus dem Umfeld des zweiten Lernortes, sondern von der Hochschule selbst; es wird jedoch ein direkter Anwendungsbezug zum Praxispartner hergestellt.

Noe und Dettleff betonen, dass Praxisphasen bei dualen Studiengängen im Durchschnitt etwa ein Viertel des Gesamtstudienumfangs ausmachen. Und in der Tat sind für praxisintegrierende Studiengänge **Anteile bis zu 60 ECTS-Punkte** typisch. Hinzu kommt die Bachelor-Thesis, die formal nicht zum Praxisteil zählt, auch wenn sie in dualen Studiengängen typischerweise im Unternehmen mit hohem Praxisbezug erstellt wird.[8]

---

[6] Htw saar (2021): Bachelor-Studiengang Wirtschaftsingenieurwesen. Onlinequelle, abgeru-fen unter: https://www.htwsaar.de/studium-und-lehre/im-studium/gesetze-und-studentische-ordnungen/anlagen/wi/db21_76_s-744-752.pdf.

[7] Internationale Hochschule IU (o. J.): Informationsbroschüre zum dualen Bachelorstudien-gang Betriebswirtschaftslehre.

[8] Noe/Dettleff (o. J.).: Duale Studiengänge aus Sicht der Qualitätssicherung, Onlinequelle, abgerufen unter: https://www.fibaa.org/fileadmin/redakteur/pdf/FIBAA_Consult/Projekte_Publikationen/HQSL_Duale_Studienga__nge_Noe.pdf.

Leider verwechseln selbst renommierte Quellen die Studienmodelle des berufsbegleitenden und des dualen Studiums, was auch daran liegt, dass in der Vergangenheit oftmals keine klare Definition der Begriffe gefordert wurde: „Beim **berufsbegleitenden dualen Studium** geht es vor allem um die akademische Weiterbildung von bereits berufstätigen Personen. Daher ist das berufsbegleitende duale Studium meist ein Abend- oder Fernstudium. Das heißt, du bist in Vollzeit berufstätig und studierst nach Feierabend."[9] In dieser Aussage stecken gleich zwei Fehler: Bei einem dualen Studiengang sind Theorie- und Praxisphasen auch inhaltlich miteinander verzahnt; bei einem berufsbegleitenden Studiengang sind Theorie- und Praxisphasen inhaltlich dagegen nicht aufeinander abgestimmt. Allenfalls werden hier Praxisphasen für das Studium anerkannt. Ein berufsbegleitendes Studium ist also (in der Regel) nicht dual. Außerdem ist beim berufsbegleitenden Studium keine Berufstätigkeit in Vollzeit vorausgesetzt. Vielmehr wird ein berufliches Beschäftigungsverhältnis in Teilzeit empfohlen, um Beruf und Studium zeitlich miteinander in Einklang bringen zu können.

---

[9] Zeit Online (o. J.): Duales Studium. Onlinequelle, abgerufen unter https://studiengaenge. zeit.de/studienformate/duales-studium.

Zeitmodelle und Dauer des Studiums

4

Typische Strukturen und Zeitmodelle für duale Studiengänge lassen sich am besten anhand eines Beispiels erklären: Das duale Bachelorstudium in Betriebswirtschaftslehre und in Wirtschaftsinformatik an der Hochschule für Technik und Wirtschaft des Saarlandes zeichnet pro Studienjahr jeweils ein Praxismodul im Umfang vom jeweils 11 ECTS aus. Hinzu kommt auch noch die praxisbezogene Bachelorarbeit im Umfang von weiteren 12 ECTS.[1] So haben in Summe 45 der 180 ECTS unmittelbaren Unternehmensbezug. Doch das alleine genügt noch nicht.

Entscheidend ist, dass im dualen Studiengang Theoriestudium und Praxisanteile (auch inhaltlich) miteinander verzahnt sind. So starten beispielsweise der duale Studiengang Wirtschaftsinformatik und der dualen Bachelorstudiengang Betriebswirtschaftslehre in den Schwerpunkten Handel, Logistik sowie Taxation & Accounting im ersten Studienjahr zunächst mit einem achtwöchigen Theorieblock an der Hochschule, auf den ein zehnwöchiger Praxisblock folgt. Danach steht wieder ein dieses Mal nur sechswöchiger Theorieblock an, bevor es erneut in das Unternehmen geht, allerdings in dieser zweiten Phase auch nur für sechs Wochen. Und zum Abschluss des Studienjahres sind alle Studierenden noch einmal zunächst für sieben Wochen an der Hochschule, bevor sie abschließend für dieses Mal sogar fünfzehn Wochen Praxiserfahrung im Unternehmen sammeln.

---

[1] Vgl. htw saar (2021): Dualer Bachelor-Studiengang Wirtschaftsinformatik. Onlinequelle, abgerufen unter: https://www.htwsaar.de/studium-und-lehre/im-studium/gesetze-und-stu dentische-ordnungen/db21_74_s-724-732.pdf und htw saar (2021): Dualer Bachelor-Studiengang Betriebswirtschaft. Onlinequelle, abgerufen unter: https://www.htwsaar.de/stu dium-und-lehre/im-studium/gesetze-und-studentische-ordnungen/db21_73_s-714-722.pdf.

© Der/die Autor(en), exklusiv lizenziert an Springer Fachmedien Wiesbaden GmbH, ein Teil von Springer Nature 2025
S. Georg, *Das duale Studium*, essentials,
https://doi.org/10.1007/978-3-658-46955-9_4

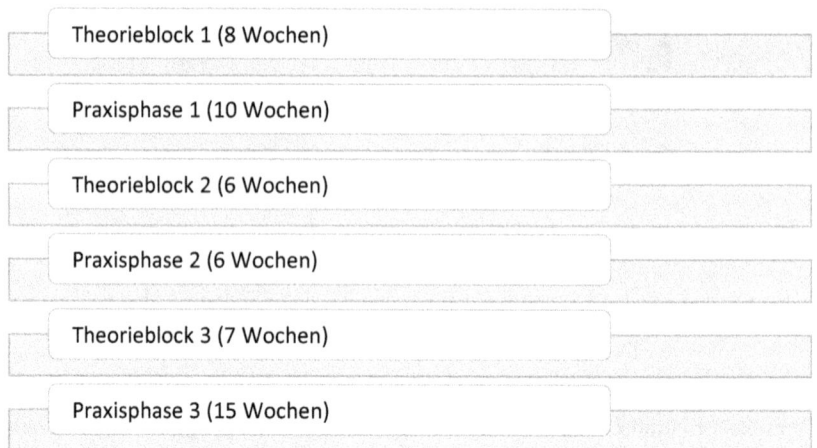

Theorieblock 1 (8 Wochen)

Praxisphase 1 (10 Wochen)

Theorieblock 2 (6 Wochen)

Praxisphase 2 (6 Wochen)

Theorieblock 3 (7 Wochen)

Praxisphase 3 (15 Wochen)

Abb. 4.1   Blockmodell duales Studium

Dieses Blockmodell an der htw saar (wie es auch in Abb. 4.1 veranschaulicht ist) sichert somit einen ständigen Wechsel von Theorie- und Praxisanteilen und ermöglicht dabei den Studierenden und den Unternehmen, das an der Hochschule erlernte Wissen in die Praxis umzusetzen, zumal die Unternehmen einem **Ausbildungsrahmenplan** während der Praxisphasen folgen müssen.

Wenn Sie die Theoriephasen addiert haben, stellen Sie fest, dass diese im dargestellten Beispiel nur 21 Wochen pro Jahr umfassen und damit weniger als in einem „normalen" Studium mit in der Regel 30 Wochen Lehrveranstaltungen pro Jahr. Dieser Unterschied ist damit zu begründen, dass im dualen Studium ein Teil der benötigten ECTS-Punkte aus den Praxisphasen im Unternehmen stammt, sodass sich nicht die vollen 60 ECTS pro Studienjahr aus den Theoriephasen ergeben müssen.

Einen zum dargestellten Modell vergleichbaren Weg geht bspw. die Hochschule Bremen mit ihrem dualen Studienangebot zur Betriebswirtschaftslehre. Während der ersten vier Semester des dualen Studiums ist die Zeit der theoretischen Ausbildung an der Hochschule auf 12 Wochen pro Semester verkürzt, um genügend Zeit für die mit jeweils 10 ECTS-Punkten bewerteten Praxisphasen zu bieten.[2]

---

[2] Vgl. Freie Hansestadt Bremen (2012): Amtsblatt vom 14. März 2012. Onlinequelle, abgerufen unter: https://www.hs-bremen.de/assets/hsb/de/Dokumente/Fakult%C3%A4ten/ Fakult%C3%A4t_1/DSBW/Pr%C3%BCfungsordnung/bpo-dsbw-%C3%84o-genfassung_2 012.pdf.

In den dualen Studiengängen Wirtschaftsingenieurwesen und Maschinenbau/ Produktionstechnik an der htw saar ist der Unternehmensanteil in ECTS sogar noch höher als in der Betriebswirtschaftslehre und der Wirtschaftsinformatik. Denn in den beiden technischen Studiengängen führen die Unternehmensphasen über die drei Studienjahre hinweg zu insgesamt 43 ECTS-Punkten, zuzüglich der im Betrieb verfassten Bachelor-Thesis von 12 ECTS.[3]

Im Unterschied zum Blockmodell ist prinzipiell auch eine Organisation mit zwei oder drei Praxistagen pro Woche während der dann längeren Theoriephasen denkbar (sogenanntes Wochenmodell).[4] Die Zeiten außerhalb der Theoriephasen verbringen die Studierenden dann ebenfalls im Unternehmen. Dieses Konzept zwingt die Studierenden ständig dazu, ihre Gedanken von der Theorie auf die Praxis auszurichten (und umgekehrt), was sicherlich herausfordernd ist. Zudem ist diese Form des Studiums nur schwierig zu organisieren, da für die theoretische Lehre nur bestimmte Wochentage infrage kommen.

Alternativ kann ein duales Studium als Fernstudium organisiert sein. Auch ein solches bietet die Hochschule für Technik und Wirtschaft des Saarlandes mit dem berufsbegleitenden Bachelorstudiengang Aviation Business an. In diesem Fall können die Studierenden bereits eine Verkehrsflugzeugführerlizenz nachweisen, sprich, sie sind bereits Pilot. Und die Ausbildung zum Erwerb des „Pilotenscheins" in der Flugschule wird als Teil des Studiums anerkannt, sodass die Studierenden hier nur noch den wirtschaftlichen Teil ihres Studiums an der Hochschule absolvieren müssen. Der zweite Lernort neben dem Studium an der Hochschule ist somit die jeweilige Flugschule. Da sich der Beruf des Piloten durch zeitlich sehr flexible Arbeitszeiten auszeichnet, ist ein Präsenzstudium mit festen Studienzeiten nicht praktikabel. Aus diesem Grund ist in diesem Fall die gesamte theoretische Ausbildung als von Dozenten begleitetes Fernstudium organisiert.

---

[3] Vgl. htw saar (2021): Dualer Bachelor-Studiengang Maschinenbau-Produktionstechnik. Onlinequelle, abgerufen unter: https://www.htwsaar.de/studium-und-lehre/im-studium/ gesetze-und-studentische-ordnungen/db21_75_s-734-742.pdf und htw saar (2021): Dualer Bachelor-Studiengang Wirtschaftsingenieurwesen. Onlinequelle, abgerufen unter: https://www.htwsaar.de/studium-und-lehre/im-studium/gesetze-und-studentische-ordnun gen/db21_84_s-850-861_anlage-aspo-asw-dualer-bachelor-wirtschaftsingenieurwesen-pro duktionsmanagement.pdf.

[4] Vgl. Wegweiser-duales-Studium.de (o. J.): Block- und Wochenmodell – Die Zeitmodelle des dualen Studiums. Onlinequelle, abgerufen unter: https://www.wegweiser-duales-studium.de/infos/zeitmodelle/.

Wer ein Studium absolvieren möchte, muss sich dazu grundsätzlich (an einer Hochschule) bewerben. Dazu benötigt die Person ein Abitur oder ein Fachabitur bzw. einen vergleichbaren Abschluss. An den Universitäten ist in der Regel das Abitur vorgeschrieben, an Fachhochschulen genügt auch ein Fachabitur. In inzwischen selten gewordenen Fällen verlangen Studiengänge auch noch ein Pflichtpraktikum vor Aufnahme des Studiums. Entsprechende Regelungen finden Sie immer in den Studien- und Prüfungsordnungen der einzelnen Studiengänge. So benötigen bspw. Bewerber für den Bachelorstudiengang Soziale Arbeit und Pädagogik der Kindheit ein 12-wöchiges Pflichtpraktikum, das bis zu Beginn des 3. Semesters abgeschlossen sein muss.[1]

Neben den formalen Voraussetzungen spielt auch die **persönliche Eignung** für ein Studium eine Rolle. Sind Sie bereit, selbstständig zu arbeiten? Können Sie sich auch motivieren, etwas zu lernen, ohne dass der Dozent sie dazu verpflichtet? Dann können Sie ein Studium in Angriff nehmen.

Wenn Sie sich für ein duales Studium interessieren, genügt die Bewerbung an einer Hochschule nicht. Vielmehr müssen Sie auch einen Vertrag mit einem Unternehmen abschließen, das Ihnen ermöglicht, die wichtigen Praxisphasen zu absolvieren. So heißt es beispielsweise in der Allgemeinen Studien- und Prüfungsordnung der htw saar für die dualen Studiengängen in §3 Zugang zum Studium:

---

[1] Vgl. htw saar (o. J.): Soziale Arbeit und Pädagogik der Kindheit. Onlinequelle, abgerufen unter: https://www.htwsaar.de/sowi/Studium/sozialpaedagogik/index_2014.html.

S. Georg, *Das duale Studium*, essentials,
https://doi.org/10.1007/978-3-658-46955-9_5

„Neben den allgemeinen Zugangsvoraussetzungen gemäß saarländischem Hochschulgesetz (SHSG) ist weitere Zugangsvoraussetzung, dass die Person von einem geeigneten Ausbildungsbetrieb angemeldet wird, mit dem sie einen Ausbildungs- und Studienvertrag abschließt. Auf das Ausbildungs- und Studienverhältnis finden die Vorschriften des Berufsbildungsgesetzes entsprechend Anwendung. Die arbeitsvertraglichen Ansprüche orientieren sich an den jeweiligen tarifrechtlichen Bestimmungen."[2]

Grundsätzlich gehört zu jedem Studium eine Studien- und Prüfungsordnung. In dieser ist geregelt, wie genau ein Studium organisiert ist. Darüber hinaus ist aus der Ordnung erkennbar, welche Voraussetzungen Interessierte erfüllen müssen. Die Studien- und Prüfungsordnungen sind meist direkt bei den Hochschulen, immer häufiger auch auf deren Webseiten, einsehbar. Oftmals weisen Hochschulen auf ihren Webseiten zusätzlich zur Beschreibung der jeweiligen Studienangebote darauf hin, welche konkreten Studienvoraussetzungen im Einzelfall gelten, ohne dass Sie direkt in die Studien- und Prüfungsordnung schauen müssen. So beschreibt beispielsweise die Hochschule Ruhr West für ihr duales **ausbildungsintegrierendes Studienangebot** in Informatik: „Für die Zulassung zu einem dualen Studium müssen Sie über die allgemeine oder fachgebundene Hochschulreife bzw. die Fachhochschulreife verfügen. Zusätzlich muss ein Kooperationsvertrag für das duale Studium zwischen der Hochschule und dem Unternehmen, bei dem Sie Ihre Ausbildung absolvieren, bestehen."[3]

---

[2] Htw saar (2021): ASPO ASW. Onlinequelle, abgerufen unter: https://www.htwsaar.de/hochschule/organisation/verwaltung/Justiziariat/rechtsgrundlagen-der-htw-saar/db21_36_s-348-353_aspo-asw.pdf.

[3] HS Ruhr-West (o. J.): Angewandte Informatik. Onlinequelle, abgerufen unter: https://www.hochschule-ruhr-west.de/studium/studienangebot/bachelor/angewandte-informatik/.

Ausbildungsvergütung und Studiengebühren

6

Für die Hochschulen ist ein Angebot von dualen Studiengängen mit einem erheblichen Mehraufwand im Vergleich zu einem „normalen" Studiengang verbunden. Dies liegt in der umfassenden Kooperation der Hochschule mit den Unternehmen begründet. So müssen nicht nur Studienverträge mit den Unternehmen geschlossen werden,[1] die kooperierenden Betriebe müssen auch hinsichtlich freier Plätze im kommenden Studienjahr angefragt, neue kooperierende Betriebe müssen gefunden, und die Vertreter der Unternehmen für das duale Studium müssen betreut werden.

Die htw saar hat sich entschlossen, zur Organisation der dualen Studiengänge mit der ASW gGmbH zu kooperieren. Diese wickelt die Studiengänge der htw saar operativ ab. Das heißt, die ASW gGmbH organisiert nicht nur die Zusammenarbeit mit den zahlreichen Partnerunternehmen, sondern auch im Auftrag der Hochschule den regelmäßigen Lehrbetrieb in den dualen Studiengängen der Hochschule für Technik und Wirtschaft des Saarlandes.

Zur Finanzierung der Durchführung aller mit dem dualen Studium verbundenen Aufgaben erhält die Akademie der Saarwirtschaft eine Organisationsgebühr, die jedoch nicht von den Studierenden, sondern von den Partnerunternehmen aufzubringen ist. Die Studierenden selbst zahlen an der htw saar in dualen Studiengängen nur den üblichen Semesterbeitrag. Dieser enthält nicht nur Beiträge für eine Versicherung, für den AStA (Allgemeiner Studierendenausschuss) und die Fachschaft sowie für das Studierendenwerk, sondern auch das sogenannte Semesterticket, das freie Fahrten im öffentlichen Nahverkehrsnetz ermöglicht.

---

[1] Muster dazu sind über ASW (o. J.): Studienverträge. Onlinequelle, abrufbar unter: https://www.asw-ggmbh.de/laufender-studienbetrieb/studienvertraege nachzulesen.

© Der/die Autor(en), exklusiv lizenziert an Springer Fachmedien Wiesbaden GmbH, ein Teil von Springer Nature 2025
S. Georg, *Das duale Studium*, essentials,
https://doi.org/10.1007/978-3-658-46955-9_6

Inzwischen ist das Semesterticket zum preisreduzierten Deutschlandticket ausgebaut. Für die Studierenden ist das duale Studium somit frei von Studiengebühren. Aber nicht nur das:

Das in finanzieller Hinsicht Besondere am dualen Studium ist für die Studierenden, dass Sie Anspruch auf eine Ausbildungsvergütung während des Studiums haben. Diese beträgt nicht selten bereits im ersten Studienjahr 1000 € pro Monat und steigt dann im zweiten und dritten Studienjahr an. Allerdings sind die 1000 € pro Monat einerseits nicht garantiert, andererseits inzwischen häufig als Untergrenze zu verstehen. Das bedeutet, es gibt noch einige Betriebe, die etwas weniger als die 1000 € zahlen, aber die meisten zahlen inzwischen sogar (deutlich) mehr. Letztlich unterscheidet sich die Ausbildungsvergütung von Betrieb zu Betrieb und von Studiengang zu Studiengang.

Entscheidend ist, die Studierenden erhalten die Vergütung auch in den Phasen, in denen sie ihre Theoriephasen an der Hochschule absolvieren und gerade nicht im Betrieb arbeiten! Die 1000 € gibt es also zwölfmal pro Jahr – das ist eine Basis, aufgrund derer sich ein Studierendenleben durchaus finanzieren lässt. Im Gegenzug haben die Studierenden auch eine Anwesenheitspflicht im Theorieblock, denn letztlich handelt es sich auch da um studentische Arbeitszeit. Diese Anforderung ist für duale Studiengänge durchaus typisch. In vielen „normalen" Studiengänge interessiert sich dagegen niemand dafür, ob die Studierenden die Vorlesung auch tatsächlich besuchen – entscheidend für den Studienerfolg ist hier nur die Prüfungsleistung.

Außerdem haben die Studierenden eines dualen Studiengangs natürlich auch Anspruch auf Urlaub. Dieser muss jedoch in den Praxisphasen genommen werden. Die Theoriephasen an der Hochschule sind Pflichtzeiten und müssen von den Studierenden wahrgenommen werden. Der gesetzlich geregelte Mindesturlaubsanspruch beträgt 20 Tage pro Jahr (bei einer 5-Tage-Woche). Aufgrund tariflicher oder betrieblicher Regelungen stehen den Studierenden aber in der Regel (deutlich) mehr Urlaubstage zur Verfügung.[2]

---

[2] Vgl. Azubi.de (o. J.): Urlaub nehmen im dualen Studium. Onlinequelle, abgerufen unter: https://www.azubi.de/duales-studium/tipps/urlaub-duales-studium.

Wie finde ich ein passendes Unternehmen?

7

Entscheidend für die Aufnahme des dualen Studiums ist nicht nur die Hochschulzugangsberechtigung (Abitur, Fachabitur oder Vergleichbares), sondern der Studienvertrag mit einem Unternehmen. Wer ein konkretes Studium gefunden hat, für das sie/er sich interessiert, braucht jetzt noch ein passendes Unternehmen für das duale Studium.

Die ASW gGmbH weist beispielsweise offene Stellen auf Ihrer Webseite aus.[1] Wer hier nichts Passendes findet, kann sich auch auf der Seite der Kooperationspartner der htw saar/ASW gGmbH umschauen.[2] Dort findet jeder Interessent alle Unternehmen, die bereits mit der Akademie der Saarwirtschaft kooperiert haben und denen das Studienmodell bekannt ist. So kann dann auch eine Blindbewerbung erfolgreich sein. Denn möglicherweise überzeugt eine Bewerbung derart, dass sich das Unternehmen dazu entschließt, einen freien Platz für das duale Studium zu schaffen. Seit einigen Jahren beklagen viele Unternehmen einen Fachkräftemangel. Für Bewerber ist diese Situation günstig, denn mit ihrer Tätigkeit können sie einen Beitrag dazu leisten, den Fachkräftemangel zu verringern.

Unabhängig vom Studienangebot der htw saar können freie Studienplätze auch auf anderen Portalen im Internet gefunden werden, darunter bspw. auf der

---

[1] Siehe dazu ASW (o. J.): Ausbildungsunternehmen. Onlinequelle, abgerufen unter: https://www.asw-ggmbh.de/laufender-studienbetrieb/ausbildungsunternehmen/ausbildungsunternehmen.

[2] Siehe dazu ASW (o. J.): Portfolio Ausbildungspartner. Onlinequelle, abgerufen unter: https://www.asw-ggmbh.de/laufender-studienbetrieb/ausbildungsunternehmen/portfolio-ausbildungspartner.

© Der/die Autor(en), exklusiv lizenziert an Springer Fachmedien Wiesbaden GmbH, ein Teil von Springer Nature 2025
S. Georg, *Das duale Studium*, essentials,
https://doi.org/10.1007/978-3-658-46955-9_7

Webseite eines Wegweisers zum dualen Studium.[3] Dort sind mehr als 3000 Unternehmen bundesweit gelistet, die ein duales Studium anbieten. Die Auswahl, dual zu studieren, ist inzwischen also recht umfangreich und bietet jungen Menschen eine Chance, sich wunschgerecht zu qualifizieren.

---

[3] Siehe dazu Wegweiser-duales-Studium.de (o. J.): Duale Studienplätze. Onlinequelle, abgerufen unter: https://www.wegweiser-duales-studium.de/bewerbung/bewerbungsschreiben/#duale-studienplaetze.

Der Bewerbungsprozess

8

Für viele Interessenten ist die Bewerbung um einen Studienplatz ein großer Schritt, vor allem dann, wenn sie in der Vergangenheit noch keine Bewerbungen verfasst haben. Leider kommt der Aufbau eines Bewerbungsschreibens auch in der schulischen Ausbildung oft zu kurz. Bildungspolitikern ist die Gedichtanalyse im Fach Deutsch offensichtlich wichtiger als das Lehren, wie man eine Bewerbung schreibt. Aber keine Angst, im Internet gibt es eine ganze Reihe guter Quellen, die zeigen, wie man eine Bewerbung verfassen kann.[1] Selbst Mustervorlagen für das Bewerbungsschreiben sind dort zu finden.[2] Darüber hinaus gibt es hervorragende Bücher wie das von Buch „Die ersten Bewerbungen für Schüler und Studierende: Ein persönlicher Ratgeber für Ausbildung, Gap-Jahr, (Duales) Studium und Praktika" von Tamara Schrammel.

Wer sich für ein duales Studium interessiert, muss sich also zunächst bei einem Unternehmen für einen Studienplatz bewerben. Erst wenn mit einem Unternehmen ein Studienvertrag geschlossen ist, kann die Einschreibung an der Hochschule erfolgen. Im Fall des dualen Studiums über die ASW gGmbH erfolgt die Immatrikulation an der htw saar im Anschluss, sofern die Bewerber alle formalen Voraussetzungen für ein Studium erfüllen, was die Hochschule prüft. Meist ist dies nur die Hochschulzugangsberechtigung. In besonderen Fällen kann es

---

[1] Besonders gelungen ist hier bspw. Wegweiser-duales-Studium.de (o. J.): Bewerbungsschreiben. Onlinequelle, abgerufen unter: https://www.wegweiser-duales-studium.de/bewerbung/bewerbungsschreiben/.

[2] Siehe dazu bspw. Wegweiser-duales-Studium.de (o. J.): Beispiel zum Bewerbungsschreiben. Onlinequelle, abgerufen unter: https://www.wegweiser-duales-studium.de/bewerbung/bewerbungsschreiben/#beispiel.

© Der/die Autor(en), exklusiv lizenziert an Springer Fachmedien Wiesbaden GmbH, ein Teil von Springer Nature 2025
S. Georg, *Das duale Studium*, essentials,
https://doi.org/10.1007/978-3-658-46955-9_8

aber Zusatzvoraussetzungen geben, die zu erfüllen sind. So ist das duale Studium der Betriebswirtschaftslehre mit dem Schwerpunkt Handwerksmanagement an der Akademie der Saarwirtschaft nur möglich, wenn die Bewerberin/der Bewerber auch über einen Meister- oder Technikerabschluss im Handwerk verfügt.[3]

---

[3] Vgl. dazu ASW (o. J.): Bewerbung. Onlinequelle, abgerufen unter: https://www.asw-ggmbh.de/duales-studium/bewerbung.

Entwicklungsperspektiven nach dem Studium

9

Nach Ihrem dualen Bachelorstudium können Sie oftmals direkt in dem Unternehmen weiterarbeiten, bei dem Sie die Praxisphasen Ihres Studiums absolviert haben. Eine Garantie gibt es dafür aber meist nicht. Allerdings verfügen Sie im Unterschied zu den Absolventen eines „normalen" Studiums bereits über viel praktische Erfahrung. Das kommt Ihnen oftmals bei Bewerbungen zu Gute.

Nach Abschluss des Bachelorstudiums haben Sie aber auch die Möglichkeit, ein **Masterstudium** anzuhängen. Prinzipiell stehen Ihnen dazu alle Typen von Masterstudiengängen offen: sowohl das „normale" Vollzeitstudium als Präsenz- oder Fernstudium, das duale Masterstudium, das allerdings noch recht selten angeboten wird, oder vor allem auch das berufsbegleitende Studium. Gerade wenn Sie die Möglichkeit haben, nach Ihrem dualen Bachelorabschluss direkt einen Arbeitsvertrag zu erhalten, kommt ein **berufsbegleitendes Masterstudium** infrage.

Entscheidend für das Wahl eines geeigneten Masterstudiengangs ist aber nicht nur die inhaltliche Interessenslage; es gibt auch formale Voraussetzungen einzuhalten. So muss die Summe aus Bachelor- und Masterstudium insgesamt 300 ECTS-Punkte umfassen. Auf ein sechssemestriges Bachelorstudium mit 180 ECTS-Punkte muss demnach ein viersemestriges Masterstudium mit 120 ECTS-Punkte folgen.

Wenn Sie ein interessantes Masterangebot finden, das aber nur 90 ECTS-Punkte umfasst, klären Sie über die Studien- und Prüfungsordnung des Masterstudiengangs und/oder über die jeweilige Studienordnung ab, ob Sie die Möglichkeit haben, fehlende ECTS-Punkte anderweitig auszugleichen. Teilweise ist das oftmals über Berufserfahrung nach dem Bachelorabschluss oder über ein Harmonisierungssemester möglich. So bietet der Masterstudiengang Marketing

S. Georg, *Das duale Studium*, essentials,
https://doi.org/10.1007/978-3-658-46955-9_9

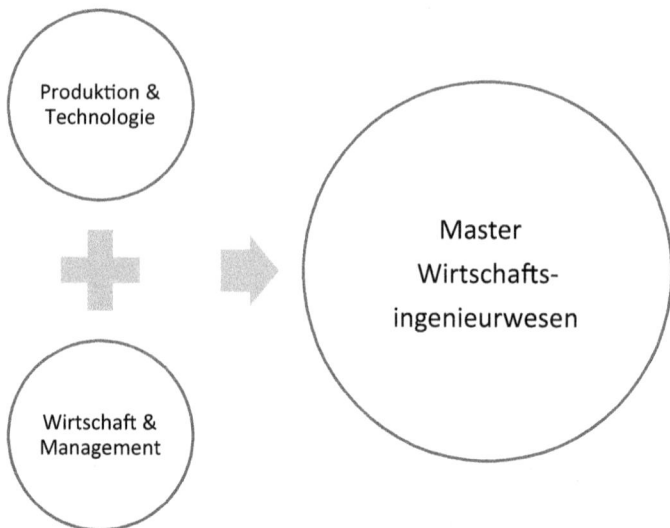

Abb. 9.1 Basiszertifikate für den Master Wirtschaftsingenieurwesen

Science an der htw saar umfassende Möglichkeiten zum Ausgleich der fehlenden ECTS-Punkte, die in der Anlage zur Studien- und Prüfungsordnung ausführlich beschrieben sind.[1]

Gerade berufsbegleitende Masterstudiengänge erfordern zur Aufnahme des Studiums häufig ein oder zwei Jahre Berufserfahrung nach dem Erststudium. So wird auch im berufsbegleitenden Masterstudiengang Wirtschaftsingenieurwesen an der htw saar ein Berufsjahr nach dem Bachelorabschluss gefordert. Das Studium ist dennoch für alle interessant, die ein Bachelorstudium in Wirtschaftsingenieurwesen oder in einem anderen ingenieurwissenschaftlichen Studiengang (bspw. Maschinenbau, Elektrotechnik, Bauingenieurwesen etc.) absolviert haben. Denn die htw saar bietet zur Überbrückung des fehlenden Berufsjahres zwei Zertifikate im Umfang von jeweils 30 ECTS-Punkten an, die auf das Masterstudium voll anrechnungsfähig sind (siehe Abb. 9.1). So geht dann auch über den Umweg der Zertifikate keine Studienzeit verloren.

---

[1] Siehe dazu htw saar (2017): Master-Studiengang Marketing Science. Onlinequelle, abgerufen unter: https://www.htwsaar.de/studium-und-lehre/im-studium/gesetze-und-studentische-ordnungen/anlagen/master-supply-chain-management/ASPOMSM1502172.pdf.

Informationen zum berufsbegleitenden Masterstudiengang Wirtschaftsingenieurwesen finden Sie auf der Webseite der htw saar.[2] Die beiden Zertifikate Wirtschaft & Management sowie Produktion & Technologie sind ebenfalls auf der Webseite der Hochschule vorgestellt.[3]

Auch für Absolventen des dualen Bachelorstudiengangs Betriebswirtschaftslehre gibt es zur Weiterqualifikation ein passendes Angebot: den berufsbegleitenden Masterstudiengang Management und Führung.[4]

Es gibt also eine Vielzahl von Möglichkeiten, an ein (duales) Bachelorstudium ein Masterstudium anzuschließen. Das Gute für Sie an diesem Konzept ist: wenn Sie mit dem Bachelorstudium beginnen, müssen Sie sich noch nicht entscheiden, ob Sie nach dem Bachelorabschuss weiterstudieren oder in Vollzeit arbeiten wollen. Theoretisch können Sie das Masterstudium irgendwann nach dem Bachelorabschluss in Angriff nehmen. In der Praxis folgt das Masterstudium oft aber recht zeitnah auf den Bachelorabschluss.

Beachten Sie, dass berufsbegleitende Studiengänge in der Regel **kostenpflichtig** sind. Die Studiengebühren sind meist monatlich oder quartalsweise zahlbar. Aufgrund des Einkommens der Berufstätigen sollten sie aber kein Hindernis sein, die Weiterqualifikation zu verfolgen. Außerdem sind die Kosten für das Masterstudium als Zweitstudium steuerlich als Werbungskosten absetzbar.[5]

Zusammenfassend lässt sich sagen: Als Absolvent eines dualen Bachelorstudiengangs haben Sie nicht nur die Möglichkeit, ins Berufsleben einzutreten, Sie können sich auch um einen Masterstudienplatz bewerben. Auch wenn es einige Hürden dabei zu überwinden gilt, so ist die Angebotspalette doch groß, sodass einer weiteren Qualifizierung nichts im Wege steht.

---

[2] Vgl. htw saar (2021): Master-Studiengang Wirtschaftsingenieurwesen (berufsbegleitend). Onlinequelle, abgerufen unter: https://www.htwsaar.de/studium-und-lehre/im-studium/gesetze-und-studentische-ordnungen/db21_77_s-754-766.pdf.

[3] Vgl. htw saar (o. J.): Wirtschaft und Management. Onlinequelle, abgerufen unter: https://www.htwsaar.de/cecsaar/angebot/zertifikate/wirtschaft_und_management/ sowie htw saar (o. J.): Produktion & Technologie. Onlinequelle, abgerufen unter: Produktion & Technologie auf https://www.htwsaar.de/cecsaar/angebot/zertifikate/produktion_und_technologie.

[4] Vgl. htw saar (2019): Management & Führung. Onlinequelle, abgerufen unter: https://www.htwsaar.de/studium-und-lehre/im-studium/gesetze-und-studentische-ordnungen/anlagen/master-management-und-fuehrung/AnlagezurASPOMAMuF05_06_2019.pdf.

[5] Vgl. Leine, J. (2024): Zweitstudium Werbungskosten. Onlinequelle, abgerufen unter: https://www.finanztip.de/zweitstudium/.

Vor- und Nachteile des dualen Studiums

Die bisherigen Kapitel zeigen: Ein duales Studium ist grundsätzlich attraktiv. Denn die Studierenden sammeln nicht nur wichtige Praxiserfahrungen als Teil ihres Studiums, sondern sie verdienen auch regelmäßig gutes Geld, um damit den eigenen Lebensunterhalt zu verdienen. Und sollte die Ausbildungsvergütung im Einzelfall außergewöhnlich niedrig sein, steht auf der Bewerbung um die Studienfinanzierung nach dem sogenannten BAföG nichts im Wege.[1] Selbst Bewerbungen für ein Stipendium sind bei dualen Studiengängen ebenso möglich wie bei anderen Studiengängen. „Viel Praxis und ordentlich Geld", so lassen sich die beiden wichtigsten Vorteile des dualen Studiums zusammenfassen.

Allerdings ist ein duales Studium auch **anstrengender** als ein „normales" Studium. Das liegt bspw. daran, dass die Semesterferien nicht zum Faulenzen genutzt werden können, denn die dual Studierenden haben nur den gesetzlichen, tariflichen bzw. betrieblichen Urlaubsanspruch, der in der Regel 30 Tage pro Kalenderjahr nicht übersteigt. Außerdem sind die Theoriephasen des Studiums oftmals auf geringere Zeiträume komprimiert. Das hat zur Folge, dass die Studierenden fleißig lernen müssen, um den Ansprüchen des Studiums zu genügen. Denn nicht selten führt die Verteilung der 30 ECTS pro Semester auf die Theoriewochen zu einer höheren Arbeitsbelastung in Stunden pro Woche als bei einem „normalen" Studium.

---

[1] Hinweise zur Förderung nach dem BaföG erhalten Sie bspw. bei Klose (2022).

S. Georg, *Das duale Studium*, essentials,
https://doi.org/10.1007/978-3-658-46955-9_10

Zum Abschluss dieses Buches sollen Ihnen noch beispielhaft einige Studienangebote mit ihren jeweiligen Besonderheiten vorgestellt werden. So sollen Sie einen guten Eindruck erhalten können, wie duale Studiengänge aufgebaut sein können. Es fällt auf, dass es teilweise als dual bezeichnete Studiengänge gibt, bei denen die inhaltliche Integration der Lehrinhalte aus den Praxisphasen in das Studium nur eingeschränkt gewährleistet sind.

Angewandte Informatik dual an der Hochschule Ruhr West
Die Hochschule Ruhr West bietet das duale Bachelorstudium zur **Angewandten Informatik** als ausbildungsintegrierendes und als praxisintegrierendes Studium an. Insgesamt dauert das Studium im Idealfall 9 Semester, wie der folgende Studienverlaufsplan in Tab. 11.1 zeigt:[1]

Die lange Studiendauer ergibt sich aufgrund der Organisation der ersten 5 Studiensemester. In dieser Zeit werden für die praktische Tätigkeit im Unternehmen keine ECTS-Punkte vergeben. Diese Form des Studiums lässt sich demnach schon dadurch erreichen, dass ein Student eines „normalen" Studiums eine Teilzeitvereinbarung abschließt, wie sie beispielsweise an der htw saar grundsätzlich möglich ist. Eine Vorgabe von Lerninhalten während der Praxisphase, wie sie eigentlich für duale Studiengänge vorgesehen ist, kann nicht nachvollzogen werden.

---

[1] Vgl. auch die Abbildung auf HS Rhein-Ruhr (o. J.): Studienverlauf Angewandte Informatik. Onlinequelle, abgerufen unter: https://www.hochschule-ruhr-west.de/fileadmin/user_u pload/01_Studium/Studienangebot/03_Studienverlaufsplaene/SVP_2021-2/Bachelor/Studie nverlaufsplan_AI_zum_WiSe_1718_Dual_PI.pdf.

© Der/die Autor(en), exklusiv lizenziert an Springer Fachmedien Wiesbaden GmbH, ein Teil von Springer Nature 2025
S. Georg, *Das duale Studium*, essentials,
https://doi.org/10.1007/978-3-658-46955-9_11

Tab. 11.1 Duales Studium Angewandte Informatik

Sem.	Theorieblöcke je 6 ECTS-Punkte			
1	Mathematik 1	Grundlagen der Informatik und Programmierung	Kompetenzentwicklung	Praktische Tätigkeit im Betrieb (ohne ECTS-Punkte)
2	Mathematik 2	Datenbanken	Programmierung 2	
3	Diskrete Mathematik	Physik und Elektrotechnik	Algorithmen und Datenstrukturen	
4	Softwaretechnik	Digitale Systeme	Betriebssysteme	
5	Eingebettete Systeme	Mess- und Regelungstechnik	Englisch	
6	Computernetze	Digitale Signalverarbeitung	Sicherheit und Zuverlässigkeit	Praxissemester und Praxisseminar
7	Kommunikations- und Nachrichtentechnik	Wahlmodule 1 bis 3		
8	Wirtschaft und Recht	Wahlmodul 4	Wahlmodul 5	
9	Wahlmodul 6	MMI und GUI Programmierung	Projektmanagement (Informatikprojekt)	Bachelor Thesis und Kolloquium

Betriebswirtschaftslehre dual an der Hochschule für Technik und Wirtschaft des Saarlandes

Schon im ersten Studienjahr des **dualen Bachelorstudiengangs Betriebswirtschaftslehre** ist ein individueller Schwerpunkt zu belegen, der sich aus dem Vertrag mit dem kooperierenden Unternehmen ergibt. Eine Übersicht zu den einzelnen Schwerpunkten gewährt Tab. 11.2:

Demnach sind Studienschwerpunkte in den Richtungen Finanzdienstleistungen, Handels-, Industriebetriebslehre, Logistik sowie Taxation & Accounting möglich.[2]

Eine Vielzahl der Prüfungen (im ersten Studienjahr) findet in Form einer Klausur statt, wie in Tab. 11.3 nachzulesen ist:

---

[2] Htw saar (2021): Dualer Bachelor-Studiengang Betriebswirtschaft. Onlinequelle, abgerufen unter: https://www.htwsaar.de/studium-und-lehre/im-studium/gesetze-und-studentische-ordnungen/db21_73_s-714-722.pdf.

Tab. 11.2 Duales Studium Betriebswirtschaftslehre

Studienschwerpunkt	Modulelement	Präsenzstunden	ECTS-Punkte
Spezielle BWL I – Studienschwerpunkt Finanzdienstleistungen	Finanzdienstleistungen I	96	8
Spezielle BWL I – Studienschwerpunkt Handelsbetriebslehre	Handelsbetriebslehre I	48/48	8
Spezielle BWL I – Studienschwerpunkt Industriebetriebslehre	Industriebetriebslehre I	48/48	8
Spezielle BWL I – Studienschwerpunkt Logistik	Logistik I	96	8
Spezielle BWL I – Studienschwerpunkt Taxation & Accounting	Taxation and Accounting I	96	8

Tab. 11.3 Prüfungsformen im ersten Studienjahr

Modulelement	Prüfungsform	Benotet/unbenotet
Einführung in die Betriebswirtschaftslehre	Klausur	Benotet
Studienschwerpunkt	Klausur	Benotet
Quantitative Methoden	Klausur	Benotet
Externes Rechnungswesen und Steuern	Zwei Teilklausuren	Benotet
Marketing	Klausur	Benotet
Schlüsselqualifikation I	Klausur & Präsentation	Benotet
Praxismodul I	Projektarbeit & Präsentation	Unbenotet

Tab. 11.3 zeigt überwiegend die Klausur (Teilklausur) als Art der Prüfung. Nur für das Praxismodul I und den Teil Rhetorik im Rahmen der Schlüsselqualifikation I sind mit Projektarbeit und Präsentation andere Prüfungsformen vorgesehen.[3]

---

[3] Htw saar (2021): Dualer Bachelor-Studiengang Betriebswirtschaft. Onlinequelle, abgerufen unter: https://www.htwsaar.de/studium-und-lehre/im-studium/gesetze-und-studentische-ordnungen/db21_73_s-714-722.pdf.

Tab. 11.4 Duales Studium Energie- und Umwelttechnik (ausbildungsintegriert)

Jahr	Verbundstudium (ausbildungsintegrierend)
1	Betriebliche Ausbildung (13 Monate) inkl. Zwischenprüfung Ausbildung
2	a) Hochschulstudium (4,5 Monate) b) Betriebliche Ausbildung (1 Monat) c) Hochschulstudium (4,5 Monate) d) Betriebliche Ausbildung (2 Monate)
3	a) Hochschulstudium (4,5 Monate) b) Betriebliche Ausbildung (1 Monat) c) Hochschulstudium (4,5 Monate) d) Betriebliche Ausbildung (2 Monate)
4	a) Praxissemester (4,5 Monate) inkl. Abschlussprüfung der Ausbildung b) Betriebliche Praxis (1 Monat) c) Hochschulstudium (4,5 Monate) d) Betriebliche Praxis (2 Monate)
5	a) Hochschulstudium (4,5 Monate) inkl. Bachelor-Thesis b) Betriebliche Praxis (1 Monat)

Energie- und Umwelttechnik (dual) an der HS Kempten

Die Hochschule Kempten bietet ein duales Bachelorstudium **Energie- und Umwelttechnik** in zwei Varianten an: Als sogenanntes Verbundstudium integriert das Studium eine Ausbildung zum Elektroniker für Energie- und Gebäudetechnik. In der folgenden Tab. 11.4 ist der prinzipielle Ablauf des Verbundstudiums dargestellt.[4]

Alternativ kann man auch auf die Ausbildung verzichten und das Studium mit vertiefter Praxis als praxisintegrierendes Studium absolvieren. Den Ablauf des Studiums zeigt die nachstehende Tab. 11.5:[5]

Insgesamt 16 Monate machen die **intensive Praxisintegration** in das Studium deutlich.

Health Care Management dual an der HS Niederrhein

Der duale Studiengang **Health Care Management** an der Hochschule Niederrhein ist ausbildungsintegrierend und dauert demnach trotz seiner 180 ECTS insgesamt

---

[4] Vgl. auch die Abbildung auf HS Kempten (2019): Dual Studieren. Onlinequelle, abgerufen unter: https://www.hs-kempten.de/fileadmin/Studium/Studienbeginn/Dual_studieren/Dokumente/2019__web_Dual_Studieren_Kempten_Broschuere.pdf.

[5] Vgl. HS Kempten (2019): Dual Studieren. Onlinequelle, abgerufen unter: https://www.hs-kempten.de/fileadmin/Studium/Studienbeginn/Dual_studieren/Dokumente/2019__web_Dual_Studieren_Kempten_Broschuere.pdf.

Tab. 11.5 Duales Studium Energie- und Umwelttechnik (praxisintegriert)

Jahr	Studium mit vertiefter Praxis
1	a) Vorpraxis (1,5 Monate) b) Hochschulstudium (4,5 Monate) c) Betriebliche Ausbildung (1 Monat) d) Hochschulstudium (4,5 Monate) e) Betriebliche Ausbildung (2 Monate)
2	a) Hochschulstudium (4,5 Monate) b) Betriebliche Ausbildung (1 Monat) c) Hochschulstudium (4,5 Monate) d) Betriebliche Ausbildung (2 Monate)
3	a) Praxissemester (4,5 Monate) b) Betriebliche Praxis (1 Monat) c) Hochschulstudium (4,5 Monate) d) Betriebliche Praxis (2 Monate)
4	a) Hochschulstudium (4,5 Monate) inkl. Bachelor-Thesis b) Betriebliche Praxis (1 Monat)

8 Semester. Dafür erreichen die Absolventen eine **Doppelqualifikation** aus Studienabschluss und abgeschlossener Lehre, weshalb sie als Zugangsvoraussetzung auch einen „Ausbildungsvertrag mit einer anerkannten Ausbildungseinrichtung im Gesundheitswesen, insbesondere für den Beruf Kauffrau/Kaufmann im Gesundheitswesen"[6] nachweisen müssen. Gemäß §4 der Studienordnung erfolgt die theoretische Ausbildung an 2 Tagen pro Woche an der Hochschule:

> „(3) In der Teilzeitstudienform und in der dualen Studienform wird das Lehrangebot in einer Form bereitgestellt, die die Studierenden in der Regel an zwei Tagen pro Woche zum Besuch von Lehrveranstaltungen in der Hochschule verpflichtet."[7]

Das vielseitige Studium Health Care Management beinhaltet auch Module zur

---

[6] HS Niederrhein (o. J.): Health Care Management. Onlinequelle, abgerufen unter: https://www.hs-niederrhein.de/studienangebot/studiengang/b-sc-health-care-management-dual/.

[7] HS Niederrhein (2022): Prüfungsordnungen. Onlinequelle, abgerufen unter: https://www.hs-niederrhein.de/fileadmin/dateien/organisation/Pruefungsordnungen/FB10/POBA_HCM-24.06.2020-Textversion-1.02.2022_01.pdf.

- Mathematik,
- zur klinischen Diagnostik und Therapie,
- zum Datenbankmanagement,
- zum Projektmanagement oder
- zum Recht im Gesundheitswesen.[8]

Insgesamt zählt das Studium 28 Module, die sich häufig aus mehreren Teilmodulen zusammensetzen.

Maschinenbau/Produktionstechnik dual an der Hochschule für Technik und Wirtschaft des Saarlandes
Typisch für das ingenieurwissenschaftliche Studium **Maschinenbau** mit der Ausrichtung Produktionstechnik Studium sind die Bezüge zur Mathematik und den Naturwissenschaften. Diese drücken sich auch bereits im ersten Studienjahr im dualen Studium aus. Tab. 11.6 zeigt die Studieninhalte während des ersten Studienjahres:[9]

Auffällig ist, dass auch im dualen Studium Maschinenbau/Produktionstechnik bereits im ersten Studienjahr überfachliche Qualifikationen (in diesem Fall Englisch als Fremdsprache) nicht fehlen. Mit insgesamt 620 Unterrichtsstunden im Studienjahr reicht die Stundenbelastung an die eines „normalen" (also nicht-dualen) Studiums trotz der 13 ECTS-Punkte für das Praxismodul annähernd heran.

Mechatronik dual an der TH Aschaffenburg
Wenn Sie sich für das **duale Bachelorstudium Mechatronik** an der Technischen Hochschule Aschaffenburg entscheiden, wartet ein sechssemestriges Studium mit einem hybriden Lehrkonzept auf Sie. Im Unterschied zu anderen Studiengängen weist das Angebot der TH Aschaffenburg einen hohen Praxisanteil aus:

„Zu Beginn liegt der Fokus auf der theoretischen Ausbildung an der Hochschule. Die Studierenden sammeln neben der Theorie parallel erste

---

[8] HS Niederrhein (2022): Prüfungsordnungen. Onlinequelle, abgerufen unter: https://www.hs-niederrhein.de/fileadmin/dateien/organisation/Pruefungsordnungen/FB10/POBA_HCM-24.06.2020-Textversion-1.02.2022_01.pdf.

[9] Der Inhalt der folgenden Tabelle stammt von der Webseite htw saar (2021): Dualer Bachelor-Studiengang Maschinenbau-Produktionstechnik. Onlinequelle, abgerufen unter: https://www.htwsaar.de/studium-und-lehre/im-studium/gesetze-und-studentische-ordnungen/db21_75_s-734-742.pdf.

Tab. 11.6 Duales Studium Maschinenbau/Produktionstechnik

Modul	Präsenzstunden	ECTS-Punkte
Überfachliche Qualifikation	32	3
Mathematik I	60	5
Mathematik II	60	5
Naturwissenschaftliche Grundlagen	66	5
Technische Mechanik I (Statik)	60	5
Technische Mechanik II (Elektrizitäts- und Festigkeitslehre)	72	6
Grundlagen der Thermodynamik	60	8
Konstruktionstechnik I	36	5
Konstruktionstechnik II	36	5
Praxismodul I (inkl. Seminar Professionelles Präsentieren)	16	13

Erfahrungen in den Unternehmen. Im Verlauf des dualen Studiums steigt der Unternehmensanteil an und wird ab dem fünften Semester besonders hoch. Eine Kombination aus Präsenzlehre und E-Learning (Blended Learning) ermöglicht einen Gesamt-Praxisanteil von circa 50 %."[10]

Auch die Technische Hochschule Aschaffenburg hat sich für ein Modell entschieden, bei dem die Studierenden an maximal 3 Tagen pro Woche die Hochschule besuchen. Dann haben die dual Studierenden allerdings die gleichen Lehrveranstaltungen wie die „normalen" Studierenden, die ein Studium in Vollzeit absolvieren. Doch wie kann dieses Konzept funktionieren? Während der Praxistage erarbeiten sich die Studierenden des dualen Studiengangs die Inhalte anhand von eLearning-Angeboten. Sie sind also im Betrieb, beschäftigen sich aber mit den Lerninhalten der theoretischen Ausbildung…

Medizinische Informatik dual an der FH Dortmund
Insgesamt 9 Semester dauert der duale Bachelorstudiengang **Medizinische Informatik** an der Fachhochschule Dortmund. Die lange Dauer ist mit der Integration der

---

[10] Vgl. TH Aschaffenburg (o. J.): TH AB dual. Onlinequelle, abgerufen unter: https://www.th-ab.de/studium/im-studium/praxisnah-studieren/dual-studieren#50-prozent-praxisanteil-7426.

Tab. 11.7 Duales Studium Medizinische Informatik (Grundlagen)

Semester 1	Semester 2	Semester 3	Semester 4
Einführung in die Programmierung	Algorithmen und Datenstrukturen	Softwaretechnik	Softwaretechnik
Medizinische Grundlagen für die Medizininformatik	Programmierkurs	Programmierkurs	Kommunikations- und Rechnernetze
Technisches Englisch	Rechnerarchitektur und Betriebssysteme	Datenbanken	Softwaresysteme
Lern- und Arbeitstechniken	Grundlagen der Medizinischen Informatik	Informationssysteme im Gesundheitswesen	Informationssicherheit für die Medizin
Mathematik für Informatik	Mathematik für Informatik	Mathematik für Informatik	Mathematik für Informatik

Berufsausbildung zum Fachinformatiker in das Studium begründet. Es handelt sich somit um ein ausbildungsintegrierendes duales Studium. Die ersten vier Semester zeigen (Tab. 11.7) die starken Bezüge zur Informatik auf:[11]

In den folgenden Semestern rückt dann auch das Gesundheitswesen stärker in den Blickpunkt, wie Tab. 11.8 zusammenfasst:

Insgesamt richtet sich das Studium an Interessenten der Informatik, die einen Branchenbezug des Studiums anstreben. Auch an der Fachhochschule Dortmund sind Sie an maximal 3 Tagen pro Woche an der Hochschule und die andere Zeit im Betrieb.

Wirtschaftsinformatik dual an der Hochschule für Technik und Wirtschaft des Saarlandes
Im **dualen Studiengang Wirtschaftsinformatik** zeigt sich bereits im ersten Jahr das Zusammenspiel von Themen der Betriebswirtschaftslehre und der Informatik, wie es in Tab. 11.9 veranschaulicht ist:[12]

---

[11] Vgl. auch für die folgenden Tabellen die Ausführungen auf der Webseite Fachhochschule Dortmund (o. J.): Medizinische Informatik. Onlinequelle, abgerufen unter: https://www.fh-dortmund.de/studiengaenge/medizinische-informatik-dual.php.

[12] Sie hierzu auch für die folgenden Tabellen zum dualen Bachelorstudiengang Wirtschaftsinformatik htw saar (2021): Dualer Bachelor-Studiengang Wirtschaftsinformatik. Onlinequelle, abgerufen unter: https://www.htwsaar.de/studium-und-lehre/im-studium/gesetze-und-studentische-ordnungen/db21_74_s-724-732.pdf.

Tab. 11.8 Duales Studium Medizinische Informatik (Aufbauphase)

Semester 5	Semester 6	Semester 7	Semester 8
Diagnose und Therapiesysteme für die Medizin	IHK-Projekt/ Firmenprojekt	Wahlpflichtmodul	Wahlpflichtmodul
Telematik und Telemedizin	Softwarepraktikum	Signal- und Bildverarbeitung für die Medizin	Wahlpflichtmodul
Softwaresysteme	Visualisierung und Interaktion für die Medizin	Seminar Trends der Medizinischen Informatik	Projektarbeit
BWL			
IT-Recht			

Tab. 11.9 Duales Studium Wirtschaftsinformatik (1. Studienjahr)

Modulname	Modulelemente	Präsenzstunden/ ECTS-Punkte
Einführung in die Betriebswirtschaftslehre	Allgemeine BWL	60/5
Externes Rechnungswesen & Steuern	Externes Rechnungswesen & Steuern	72/6
Wirtschaftsmathematik & Statistik	Wirtschaftsmathematik/ Statistik	36 + 36/6
Domänenorientierte Serverkonzepte	Domänenorientierte Serverkonzepte	60/5
Programmierung	Programmierung I/ Programmierung II/ Algorithmen und Datenstrukturen	56 + 40 + 24/10
Informations- und Kommunikationstechnik	Betriebssysteme/ Kommunikationsnetze/ Rechnerarchitekturen	24 + 36 + 36/8
Schlüsselqualifikation I	Grundlagen Winfo & Bürokommunikation/ Kommunikations- und Präsentationstechniken/ Projektmanagement	52 + 24 + 36/9
Praxismodul I	Betriebliche Phase	0/11

Tab. 11.10   Duales Studium Wirtschaftsinformatik (wirtschaftliche Kernfächer)

Modulname	Modulelemente	Präsenzstunden/ECTS-Punkte
Internes Rechnungswesen	Investition und Finanzierung/ Kosten- und Leistungsrechnung	30 + 30/5
Marketing & Consulting	Marketing/Consulting	28 + 32/5

Tab. 11.11   Duales Studium Wirtschaftsinformatik (Wirtschaftliche Fächer im 3. Studienjahr)

Modulname	Modulelemente	Präsenzstunden/ ECTS-Punkte
Unternehmensführung & Recht	Führung & Organisation/ Controlling/IT-Recht	16 + 36 + 32/7
Logistik und Qualitätsmanagement	Logistik/Qualitätsmanagement	36 + 24/5

Auffällig ist, dass klassische betriebswirtschaftliche Themen insgesamt im ersten Studienjahr nur mit 11 ECTS-Punkten vertreten sind (Einführung in die Betriebswirtschaftslehre sowie Externes Rechnungswesen & Steuern). Und auch im zweiten Studienjahr sind die betriebswirtschaftlichen Kernfächer eher unterrepräsentiert. So folgen lediglich das interne Rechnungswesen sowie Marketing & Consulting mit insgesamt 10 ECTS-Punkten (siehe Tab. 11.10):

Und im dritten Jahr sind die betriebswirtschaftlichen Themen nur noch durch Unternehmensführung & Recht sowie Logistik & Qualitätsmanagement im Umfang von 12 ECTS-Punkten ergänzt (siehe dazu Tab. 11.11):

Insgesamt umfassen die Kernthemen der Betriebswirtschaftslehre damit nur 33 ECTS-Punkte. Dagegen konzentriert sich der Studiengang auf Themen, die dem Feld der Informatik zuzuordnen sind. Neben den 23 ECTS-Punkten für die Module Domänenorientierte Serverkonzepte, Programmierung sowie Informations- und Kommunikationstechnik im 1. Studienjahr beinhaltet das duale Studium im 2. Studienjahr vier weitere Module mit insgesamt 26 ECTS-Punkten, die der Informatik zuzuordnen sind (siehe Tab. 11.12):

Und auch im 3. Studienjahr folgen mit Database Management und ERP-Konzepte zwei weitere Informatik-orientierte Module (Siehe dazu auch Tab. 11.13):

Somit wird der Studiengang den gestiegenen Anforderungen in Unternehmen an die Informationsverarbeitung gerecht.

Tab. 11.12 Duales Studium Wirtschaftsinformatik (Themenfeld Informatik im 2. Studienjahr)

Modulname	Modulelemente	Präsenzstunden/ECTS-Punkte
Software Engineering	Methoden der Softwareentwicklung/ Werkzeuge der Softwareentwicklung	48 + 24/6
Webanwendungen	Webanwendungen I/ Webanwendungen II	40 + 44/7
Sichere Webserver	Linux/Webprotokolle und Websicherheit	32 + 28/5
Database Construction	Datenbankmodellierung/ Prozedurale Datenbankprogrammierung/ Datenbankadministration	44 + 24 + 28/8

Tab. 11.13 Duales Studium Wirtschaftsinformatik (Themenfeld Informatik im 3. Studienjahr)

Modulname	Modulelemente	Präsenzstunden/ECTS-Punkte
Database Management	Datenbankbasierte Anwendungsprogrammierung/ Data Warehousing, Business Intelligence & Big Data	36 + 36/6
ERP-Konzepte	ERP-Systeme/ ERP-Anwendungen	64 + 40/8

Wirtschaftsingenieurwesen dual an der Hochschule für Technik und Wirtschaft des Saarlandes/ ASW

Der **duale Studiengang Wirtschaftsingenieurwesen** weist viele Gemeinsamkeiten mit dem dualen Bachelorstudiengang Maschinenbau/Produktionstechnik auf. So findet das erste Studienjahr beider Studiengänge gemeinsam statt. Auch in den folgenden Studienjahren dominieren die ingenieurwissenschaftlichen Inhalte. Typische betriebswirtschaftliche Inhalte sind im 2. Studienjahr in den folgenden Modulen enthalten:[13]

---

[13] Vgl. htw saar (2021): Dualer Bachelor-Studiengang Wirtschaftsingenieurwesen. Onlinequelle, abgerufen unter: https://www.htwsaar.de/studium-und-lehre/im-studium/gesetze-und-studentische-ordnungen/db21_84_s-850-861_anlage-aspo-asw-dualer-bachelor-wirtsc haftsingenieurwesen-produktionsmanagement.pdf.

Tab. 11.14 Duales Studium Wirtschaftsingenieurwesen im 3. Studienjahr

Modulname	Modulelemente	Präsenzstunden/ ECTS-Punkte
Überfachliche Qualifikation 3	Englisch III	32/2
Angewandte Informatik & Industrie 4.0	Angewandte Informatik/ Industrie 4.0	36 + 48/7
Produktion und Logistik	Technische Produktionssystematik / Logistik/Produktionsplanung und -steuerung mit IT-Systemen	40 + 40 + 24/7
Arbeit, Personal & Führung	Einführung in Arbeit, Personal & Führung/Personalführung/ Arbeitswissenschaft/ Personalmanagement	4 + 16 + 20 + 28/5
Management & Controlling	Managementlehre & Organisationsentwicklung/ Controlling/ Qualitätsmanagement	12 + 28 + 28/5
Marketing & Vertrieb	Marketing & Vertrieb	60/5
Internes Rechnungswesen	Kosten- und Leistungsrechnung/Investition und Finanzierung	32 + 32/5
Juristische Grundlagen und Volkswirtschaftslehre	Juristische Grundlagen/ Volkswirtschaftslehre	54 + 28/6
Praxismodul 2	Seminar zum Praxismodul & Praxisphase	4/5
Bachelorarbeit	Thesis	0/12

- Industriebetriebslehre (7 ECTS-Punkte)
- Externes Rechnungswesen & Steuern (6 ECTS-Punkte)

Allerdings besteht das 3. Studienjahr dann vor allem aus Fächern, die dem BWL-Umfeld zuzurechnen sind (vgl. dazu Tab. 11.14):[14]

Somit richtet sich das Angebot an Studierende, die auf Basis ingenieurwissenschaftlicher Kenntnisse betriebswirtschaftliches Wissen aufbauen wollen.

---

[14] Tabelle gemäß htw saar (2021): Dualer Bachelor-Studiengang Wirtschaftsingenieurwesen. Onlinequelle, abgerufen unter: https://www.htwsaar.de/studium-und-lehre/im-studium/gesetze-und-studentische-ordnungen/db21_84_s-850-861_anlage-aspo-asw-dualer-bachelor-wirtschaftsingenieurwesen-produktionsmanagement.pdf.

Duales Studium – kein geschützter Begriff 12

Anhand der zahlreichen Beispiele in diesem Buch können Sie die Vielfalt dualer Studienangebote erkennen. Ob das duale Studium für Sie infrage kommt, hängt letztlich auch von Ihren persönlichen Wünschen und Vorstellungen ab. Ein duales Studium bietet Ihnen in der Regel mehr Praxisbezug und finanzielle Sicherheit als ein „normales" Studium, dafür es ist mit weniger studentischen Freiheiten verbunden. Aber seien Sie vorsichtig: Der Begriff duales Studium ist nicht geschützt. Und das hat zur Folge, dass viele Studiengänge als dual bezeichnet werden, die gar nicht dual sind.

Bayerns Netzwerk für duales Studieren beschreibt bspw. ein **Studium mit vertiefter Praxis** als duales Studium. Kern des Studiums mit vertiefter Praxis sind intensive Praxisphasen im Unternehmen: „Während des Semesters nimmt man an den regulären Vorlesungen an der Hochschule teil. In den vorlesungsfreien Zeiten sowie im Praxissemester und während der Erstellung der Bachelor- bzw. Masterarbeit arbeitet man beim Praxispartner."[1] Wie Sie sehen, ist hier von einer geforderten inhaltlichen Verzahnung von Theorie- und Praxisphasen nicht die Rede. Vielmehr arbeiten die Studierenden hier (ohne dass ein vorangehender Abschluss einer Berufsausbildung gefordert ist) parallel zum Studium in einem Unternehmen. Der Wissenschaftsrat fordert dagegen: „Dualität verlangt sowohl einen angemessenen Umfang der Praxisanteile als auch eine Verbindung und Abstimmung der Lernorte. Diese Verbindung muss strukturell mindestens durch eine organisatorische Koordinierung der Lernorte und inhaltlich mindestens durch

---

[1] Hochschule dual (o. J.): Was ist ein duales Studium? Onlinequelle, abgerufen unter Bayerns Netzwerk für duales Studieren (o. J.): FAQ. Onlinequelle, abgerufen unter: https://www.hoc hschule-dual.de/faq/.

S. Georg, *Das duale Studium*, essentials, https://doi.org/10.1007/978-3-658-46955-9_12

eine Nähe von Studienfach und beruflicher Ausbildung/Tätigkeit gegeben sein. Eine nur zeitliche Ermöglichung eines Studiums für Auszubildende/Berufstätige oder ein studienbegleitendes Praktikum bezeichnet der Wissenschaftsrat nicht als „dual".[2] Demnach wird das Studium mit vertiefter Praxis in Bayern zwar als dual bezeichnet, ist es aber nach der Definition des Wissenschaftsrates eher nicht, zumindest nicht erkennbar anhand der Darstellungen auf der Webseite von Bayerns Netzwerk für duales Studieren. Wenn Sie neben dem Studium Geld verdienen und Praxiserfahrung sammeln wollen, können Sie das auch mit jedem „normalen" Studium tun und haben dabei noch mehr Flexibilität, weil Sie selbst entscheiden können, wo und wieviel Sie parallel zum Studium arbeiten.

Ein weiteres Problem vieler dualer Studiengänge bildet die im Grunde nur **unzureichende Berücksichtigung des zweiten Lernorts** (des Unternehmens) in den Lehrplänen der Studiengänge. Auch diesbezüglich trifft der Wissenschaftsrat klare Aussagen: „Der Wissenschaftsrat empfiehlt einen zeitlichen Mindestumfang von 50 % des Studiums am akademischen Lernort. Etwa zwei Drittel der vorgesehenen Leistungspunkte sollten theoriebasiert erworben werden, was jedoch nicht zwangsläufig am akademischen Lernort geschehen muss. Dementsprechend sollte etwa ein Drittel der Leistungspunkte praxisbasiert erworben werden, was ebenfalls an verschiedenen Lernorten möglich ist. Die Einordnung eines Ausbildungselements als praxis- oder theorieorientiert und die damit verbundene Zuordnung der Leistungspunkte muss von den Partnern im Dialog für den Einzelfall geklärt werden."[3] Gemäß dieser Forderung sollten 60 der 180 ECTS-Punkte, wie sie meist im Rahmen dualer Bachelorstudiengänge vergeben werden, praxisbasiert erworben werden. Die Lehre am akademischen Lernort (also der Hochschule) ist überwiegend theoriebasiert. Allenfalls beinhalten Fallstudien, Projekte und die Thesis im Studium an der Hochschule auch eine teilweise praxisbasierte Wissensvermittlung. Andererseits dominiert in den Unternehmen genau diese praxisbasierte Wissensvermittlung, wenngleich Studierende auch während der Praxisphasen an theoriebasierten Weiterbildungen im Unternehmen teilnehmen können, was aber die Ausnahme darstellt. Schlussfolgernd sollten die Praxisphasen in den Unternehmen während eines dualen Bachelorstudiums etwa 60 ECTS (von 180 ECTS) ausmachen, wobei dieser Anteil aufgrund von in das Studium integrierten Fallstudien und Projekten sowie der Thesis auch (etwas) verringert werden kann. Umfänge der Praxisphasen unter 50 ECTS (bei 180 ECTS für das Gesamtstudium) dürften sich im Regelfall nur schwierig darstellen lassen. Wenn Ihnen also ein „duales" Studium begegnet, das nur Praxisphasen

---

[2] Wissenschaftsrat (2013): Empfehlungen zur Organisation eines dualen Studiums, S. 22.

[3] Wissenschaftsrat (2013): Empfehlungen zur Organisation eines dualen Studiums, S. 28.

im Umfang von 20 oder 30 ECTS vorsieht, dann heißt es zwar *dual,* ist es aber höchstwahrscheinlich nicht. Auch der Akkreditierungsrat, das ist die Instanz, die letztlich die Qualitätsmaßstäbe für duale Studiengänge bestimmt, weist in seiner Zwischenbilanz zum neuen Akkreditierungssystem auf die zahlreichen Probleme vieler Hochschulen hin, „duale" Studiengänge auch tatsächlich als duales Studium gemäß den Empfehlungen des Wissenschaftsrates aufzubauen und bemängelt vor allem die vielfach nicht ausreichend ausgeprägte Verzahnung der beiden Lernorte.[4]

Bleiben Sie also wachsam: Die Idee der inhaltlichen Integration von Praxisphasen in das Studium bietet sicherlich Ausbildungsvorteile, wenn Studierende die theoretischen Konzepte auch praktisch im Unternehmen erleben können. Die Integration von Praxisphasen ins Studium bedeutet aber nicht, dass das Studium deshalb auch dual ist, selbst wenn es so heißt.

---

[4] Vgl. Akkreditierungsrat (2020): Zwischenbilanz zum neuen Akkreditierungssystem. Onlinequelle, S. 24 f., abgerufen unter: https://www.akkreditierungsrat.de/sites/default/files/downloads/2020/AR%20Zwischenbilanz%202020.pdf.

Was Sie aus diesem *essential* mitnehmen können

- Studieren bedeutet, sich aktiv in den Lehr- und Lernprozess einzubringen.
- Das duale Studium ist eine ernstzunehmende Alternative zu anderen Studienformaten.
- Auch Absolventen dualer Studiengänge sind umfassend ausgebildet und können Karriere machen.
- Die Zahl dualer Studiengänge ist groß, das Angebot ist vielfältig.
- Nicht jeder Studiengang, der als duales Studium angeboten wird, ist auch tatsächlich dual.

Quellenverzeichnis

ASW (o. J.): Ausbildungsunternehmen. Onlinequelle, abgerufen unter: https://www.asw-ggmbh.de/laufender-studienbetrieb/ausbildungsunternehmen/ausbildungsunternehmen

ASW (o. J.): Bewerbung. Onlinequelle, abgerufen unter: https://www.asw-ggmbh.de/duales-studium/bewerbung

ASW (o. J.): Portfolio Ausbildungspartner. Onlinequelle, abgerufen unter: https://www.asw-ggmbh.de/laufender-studienbetrieb/ausbildungsunternehmen/portfolio-ausbildungspartner

ASW (o. J.): Studienverträge. Onlinequelle, abrufbar unter: https://www.asw-ggmbh.de/laufender-studienbetrieb/studienvertraege

Akkreditierungsrat (2020): Zwischenbilanz zum neuen Akkreditierungssystem. Onlinequelle, S. 24 f., abgerufen unter: https://www.akkreditierungsrat.de/sites/default/files/downloads/2020/AR%20Zwischenbilanz%202020.pdf

Azubi.de (o. J.): Urlaub nehmen im dualen Studium. Onlinequelle, abgerufen unter: https://www.azubi.de/duales-studium/tipps/urlaub-duales-studium

Bundesinstitut für Berufsbildung (2022): Duales Studium in Zahlen 2022. Onlinequelle, abgerufen unter: https://www.bibb.de/dokumente/pdf/AiZ_Duales_Studium_2022_bf.pdf

DHBW (o. J.): Duales Studium Konstruktion und Entwicklung. Onlinequelle, abgerufen unter: https://www.mannheim.dhbw.de/studium/bachelor/technik/maschinenbau/konstruktion-entwicklung

DHBW (2024): Modulhandbuch Studienrichtung Konstruktion und Entwicklung. Onlinequelle, abgerufen unter: https://www.dhbw.de/fileadmin/user/public/SP/MA/Maschinenbau/Konstruktion_und_Entwicklung.pdf

DIE ZEIT (2023): Studienführer 1/2023 „Abi und los!"

Fachhochschule Dortmund (o. J.): Medizinische Informatik. Onlinequelle, abgerufen unter: https://www.fh-dortmund.de/studiengaenge/medizinische-informatik-dual.php

Freie Hansestadt Bremen (2012): Amtsblatt vom 14. März 2012. Onlinequelle, abgerufen unter: https://www.hs-bremen.de/assets/hsb/de/Dokumente/Fakult%C3%A4ten/Fakult%C3%A4t_1/DSBW/Pr%C3%BCfungsordnung/bpo-dsbw-%C3%84o-genfassung_2012.pdf

HS Kempten (2019): Dual Studieren. Onlinequelle, abgerufen unter: https://www.hs-kempten.de/fileadmin/Studium/Studienbeginn/Dual_studieren/Dokumente/2019__web_Dual_Studieren_Kempten_Broschuere.pdf

HS Niederrhein (o. J.): Health Care Management. Onlinequelle, abgerufen unter: https://www.hs-niederrhein.de/studienangebot/studiengang/b-sc-health-care-management-dual/

HS Niederrhein (2022): Prüfungsordnungen. Onlinequelle, abgerufen unter: https://www.hs-niederrhein.de/fileadmin/dateien/organisation/Pruefungsordnungen/FB10/POBA_HCM-24.06.2020-Textversion-1.02.2022_01.pdf

HS Rhein-Ruhr (o. J.): Studienverlauf Angewandte Informatik. Onlinequelle, abgerufen unter: https://www.hochschule-ruhr-west.de/fileadmin/user_upload/01_Studium/Studienangebot/03_Studienverlaufsplaene/SVP_2021-2/Bachelor/Studienverlaufsplan_AI_zum_WiSe_1718_Dual_PI.pdf

HS Ruhr-West (o. J.): Angewandte Informatik. Onlinequelle, abgerufen unter: https://www.hochschule-ruhr-west.de/studium/studienangebot/bachelor/angewandte-informatik/

Hermann, L. (2018): Erfolgreich studieren Maschinenbau: Vom 1. Semester zum Master mit Auszeichnung

Hochschule dual (o. J.): Was ist ein duales Studium? Onlinequelle, abgerufen unter Bayerns Netzwerk für duales Studieren (o. J.): FAQ. Onlinequelle, abgerufen unter: https://www.hochschule-dual.de/faq/

htw saar (o. J.): Soziale Arbeit und Pädagogik der Kindheit. Onlinequelle, abgerufen unter: https://www.htwsaar.de/sowi/Studium/sozialpaedagogik/index_2014.html

htw saar (o. J.): Produktion & Technologie. Onlinequelle, abgerufen unter: Produktion & Technologie auf https://www.htwsaar.de/cecsaar/angebot/zertifikate/produktion_und_technologie

htw saar (o. J.): Wirtschaft und Management. Onlinequelle, abgerufen unter: https://www.htwsaar.de/cecsaar/angebot/zertifikate/wirtschaft_und_management/

htw saar (2017): Master-Studiengang Marketing Science. Onlinequelle, abgerufen unter: https://www.htwsaar.de/studium-und-lehre/im-studium/gesetze-und-studentische-ordnungen/anlagen/master-supply-chain-management/ASPOMSM1502172.pdf

htw saar (2019): Management & Führung. Onlinequelle, abgerufen unter: https://www.htwsaar.de/studium-und-lehre/im-studium/gesetze-und-studentische-ordnungen/anlagen/master-management-und-fuehrung/AnlagezurASPOMAMuF05_06_2019.pdf

htw saar (2021): ASPO ASW. Onlinequelle, abgerufen unter: https://www.htwsaar.de/hochschule/organisation/verwaltung/Justiziariat/rechtsgrundlagen-der-htw-saar/db21_36_s-348-353_aspo-asw.pdf

htw saar (2021): Dualer Bachelor-Studiengang Betriebswirtschaft. Onlinequelle, abgerufen unter: https://www.htwsaar.de/studium-und-lehre/im-studium/gesetze-und-studentische-ordnungen/db21_73_s-714-722.pdf

htw saar (2021): Dualer Bachelor-Studiengang Maschinenbau-Produktionstechnik. Onlinequelle, abgerufen unter: https://www.htwsaar.de/studium-und-lehre/im-studium/gesetze-und-studentische-ordnungen/db21_75_s-734-742.pdf

htw saar (2021): Dualer Bachelor-Studiengang Wirtschaftsinformatik. Onlinequelle, abgerufen unter: https://www.htwsaar.de/studium-und-lehre/im-studium/gesetze-und-studentische-ordnungen/db21_74_s-724-732.pdf

htw saar (2021): Dualer Bachelor-Studiengang Wirtschaftsingenieurwesen. Onlinequelle, abgerufen unter: https://www.htwsaar.de/studium-und-lehre/im-studium/gesetze-und-stu dentische-ordnungen/anlagen/wi/db21_76_s-744-752.pdf

htw saar (2021): Dualer Bachelor-Studiengang Wirtschaftsingenieurwesen. Onlinequelle, abgerufen unter: https://www.htwsaar.de/studium-und-lehre/im-studium/gesetze-und-stu dentische-ordnungen/db21_84_s-850-861_anlage-aspo-asw-dualer-bachelor-wirtschaf tsingenieurwesen-produktionsmanagement.pdf

htw saar (2021): Master-Studiengang Wirtschaftsingenieurwesen (berufsbegleitend). Onlinequelle, abgerufen unter: https://www.htwsaar.de/studium-und-lehre/im-studium/ gesetze-und-studentische-ordnungen/db21_77_s-754-766.pdf

Internationale Hochschule IU (o. J.): Informationsbroschüre zum dualen Bachelorstudiengang Betriebswirtschaftslehre

Klose, M. (2022): Klose, M. (2022): Der aktuelle BAföG-Ratgeber

Leine, J. (2024): Zweitstudium Werbungskosten. Onlinequelle abgerufen unter: https://www.finanztip.de/zweitstudium/

Nickel, S. (2017): Berufsbegleitendes Studium, in: Wissenschaftsmanagement 1, Heft Januar/Februar 2017. Onlinequelle, abgerufen unter: https://www.wissenschaftsmanag ement.de/dateien/dateien/weiterbildung/downloaddateien/wim_2017_01_sigrun_nickel_ berufsbegleitendes_studium.pdf

Noe, S./Dettleff, H. (o. J.).: Duale Studiengänge aus Sicht der Qualitätssicherung, Onlinequelle, abgerufen unter: https://www.fibaa.org/fileadmin/redakteur/pdf/FIBAA_Consult/ Projekte_Publikationen/HQSL_Duale_Studienga__nge_Noe.pdf

Schröder, M. (2014): Duale Studiengänge, ohne Seite

TH Aschaffenburg (o. J.): TH AB dual. Onlinequelle, abgerufen unter: https://www.th-ab.de/studium/im-studium/praxisnah-studieren/dual-studieren#50-prozent-praxisanteil-7426

Technische Hochschule Ingolstadt (o. J.): Duale Studienangebote der THI. Onlinequelle, abgerufen unter https://www.thi.de/studium/studienangebote/duales-studium/so-funktioniert-das-duale-studium/

Wegweiser-duales-Studium.de (o. J.): Beispiel zum Bewerbungsschreiben. Onlinequelle, abgerufen unter: https://www.wegweiser-duales-studium.de/bewerbung/bewerbungssc hreiben/#beispiel

Wegweiser-duales-Studium.de (o. J.): Bewerbungsschreiben. Onlinequelle, abgerufen unter: https://www.wegweiser-duales-studium.de/bewerbung/bewerbungsschreiben/

Wegweiser-duales-Studium.de (o. J.): Block- und Wochenmodell – Die Zeitmodelle des dualen Studiums. Onlinequelle, abgerufen unter: https://www.wegweiser-duales-stu dium.de/infos/zeitmodelle/

Wegweiser-duales-Studium.de (o. J.): Duale Studienplätze. Onlinequelle, abgerufen unter: https://www.wegweiser-duales-studium.de/bewerbung/bewerbungsschreiben/#duale-stu dienplaetze

Wissenschaftsrat (2013): Empfehlungen zur Organisation eines dualen Studiums

Zeit Online (o. J.): Duales Studium. Onlinequelle, abgerufen unter https://studiengaenge. zeit.de/studienformate/duales-studium